国家出版基金项目
NATIONAL PUBLICATION FOUNDATION

"十二五"国家重点图书出版规划

中国古代名窑系列丛书

定窑

王莉英　穆　青

耿　琪　穆俏言／著

江西美术出版社

全国百佳出版单位

　　我国陶瓷历史悠久，古陶瓷深受世人青睐，国内外倾其毕生精力搜集、珍藏、探索和潜心研究者不乏其人。近几十年来，随着国家对文物研究和保护力度的加强，有关部门对一些历史名窑相继进行了一定程度的发掘与整理，所掘精品迭出不穷，弥补了古陶瓷鉴赏中历史资料之不足。一些古陶瓷研究与鉴赏中的难题，也随着第一手资料的获得，迎刃而解。不少文物专家、学者，穷其一生着力于一个窑口的探索与研究，也取得了令人瞩目之成果。

　　江西美术出版社从需求和可能出发，策划出版《中国古代名窑系列丛书》，以各窑系、窑口古瓷的鉴赏命题，约请各方专家著述，这对于系统介绍唐宋以来各名窑名瓷详情、弘扬传统文化，实为可贵。每部书稿资料翔实，论述周详，剖析精微，相形于时下众多泛泛而论的鉴赏之作，实为述而有纲，言而有物。垂注于古陶瓷的鉴赏者如能从一个窑系、窑口的研究出发，触类旁通，这也是古陶瓷鉴赏的一条门径。

　　《中国古代名窑系列丛书》补史料之缺，应大众之需。编撰者已经辛劳数年，今观新篇，欣慰之至，志此数言，是为序。

耿宝昌

于北京

第一章　定窑概述

定窑是我国北方最为著名的白瓷窑场，窑址在今河北省曲阳县涧磁村及东西燕川村一带。曲阳自北魏至唐宋一直隶属定州，按照我国古瓷窑以州冠名的惯例，曲阳县境内的窑场称为"定窑"。窑址调查和考古发掘表明，涧磁村是定窑的中心窑区，总面积约为117万平方米。窑区内窑具、瓷片等废弃物的堆积，形成17座大小不等的小山包，可以想象彼时烧窑时窑火通明，出窑时白瓷如雪的壮观景象。

定窑作为我国北方著名窑场，从唐至元经历了几百年的盛衰发展，它的产品种类繁多，烧造量大。其中宋金时期清丽素雅的刻花白瓷与富丽堂皇的印花白瓷，是定窑最主要的两个品种，代表了定窑鼎盛时期的典型艺术风格。

定窑白瓷制品精良、产量巨大，除供应国内市场外还远销海外，同时也得到了皇室贵族的赏识，带有"官"、"新官"、"尚食局"、"尚药局"等铭文的定瓷，显然是供各级统治阶层使用的。

优良的产品以及先进的生产工艺，使定窑成为当时诸多窑场模仿的对象，据文献记载及考古发掘资料揭示，河北省的井陉、临城祈村、磁县观台，北京市门头沟龙泉务、密云小水峪、房山磁家务，山西省平定、介休、河津、交城、阳城、霍州、长治、孟县、榆次、浑源，四川省彭县，江西省景德镇、吉安等地，都曾仿烧定窑刻花、印花白瓷，从而形成了一个横跨南北的庞大窑系。

随着窑址考古发掘以及墓葬、遗址、塔基、窖藏等出土资料的增丰，学术界对定窑制瓷史、定窑装烧工艺、定窑装饰艺术等方面的研究日益深入。然而，窑址发掘面积的局限，加之纪年墓葬出土的定瓷在编年中尚有不足，致使对定窑制瓷史分期的研究、装饰工艺技术承启与转型发展的研究、定窑中心窑场制品与窑系诸窑制品间同异的研究、定窑白瓷"官"、"新官"款的研究以及对定窑鉴定、鉴赏的研究等等，尚不能更加深入完善地展开。

为便于读者对定窑烧造史、不

同历史时期制品的特点、烧制工艺、装饰风格有较为全面的认识与初步把握，本集将分"定窑概述"、"产品类别"、"装烧工艺"、"鉴赏基础知识"、"窑口判别"、"仿品辨识"、"名品鉴赏"等章节论述，并配以彩图、线图，以助于提高读者对定瓷的鉴定、鉴赏力。

（一） 窑场自然条件

定窑遗址位于曲阳县城以北约25公里的灵山盆地，这里蕴藏着丰富的煤炭资源，是曲阳县的主要产煤区。据《曲阳县志》记载："灵山一带，惟出煤矿，龙泉镇则宜瓷器，亦有出滑石者。""涧磁岭，采访册在县北六十里。按岭在龙泉镇之北，西去灵山镇十里，上多煤井，下为涧磁村，宋以上有磁窑，今废。"从区域地质构造上看，这里正处在阜平隆起东侧的灵山向斜中，煤田分布在东北至西南长约15公里，西北至东南宽2至6公里的山间瓢形盆地。经勘测，灵山煤矿的范围总面积约75平方公里，总储量1.5亿吨，覆盖灵山、南镇、郭家庄、党城4个乡镇。灵山煤田煤层分布的特点是边缘部分浅，盆地中心深，涧磁、燕川两处遗址的周围以前曾有多处小型煤窑。

灵山盆地除了煤炭之外还蕴藏着丰富的黏土矿。北方黏土矿大多是伴生于古生代及中生代煤系地层中，曲阳县的黏土矿也不例外，主要集中在灵山盆地东部及北部的边缘地带，矿脉由庞家洼向东一直延伸到北镇。

涧磁村定窑遗址位于灵山盆地东北角的南镇乡，这里地处太行山东麓余脉，地势起伏，其间穿插着许多自然地沟。村东1公里是北镇村，村南原有一眼清泉，称为"龙泉"，故这里以前叫作"龙泉镇"。清代道光年间，龙泉镇改称"镇里墩"，后分成南、北两村，北镇村位于龙泉之北，故名"北镇"。《曲阳县志》中提到的龙泉镇即现在的北镇和南镇。南镇乡境内共有两条河流经过，发源于阜平、涞源、唐县交界处的通天河[1]，自北向南经邓家店流向南镇。发源于曲阳县北部的三会河[2]，自西向东流经灵山镇在南镇村东北与通天河相汇，然后于横河口村北流入唐县境内的西大洋水库。涧磁村定窑遗址正处于两河交汇的三角地带。

东、西燕川定窑遗址位于灵山盆地的西南角，东距灵山镇4公里，两村相连坐落在一处地势平缓的山坡上。村子北面是凤凰山，西北是鸡冠岩山。相传村中有一燕子洞，故位于燕子洞东侧的村庄取名"东燕川"，西侧的取名"西燕川"。东、西燕川定窑遗址主要分布在两村之间和村子北侧。

灵山盆地丰富的煤炭和瓷土资源构成了大型窑场所必需的原料、燃料供应体系，窑址附近的河流又为制瓷提供了充沛的水源，这些优厚的自然条件为定窑延续几百年的发展与繁荣奠定了坚实的资源基础。

（二）曲阳文化历史

曲阳县地处华北平原西部的太行山东麓，这里西依太行，地势西北高、东南低，属于山前平原结合部。横亘南北的太行山脉在这里走向偏西，曲阳恰在弯曲处之阳面，据《水经注》记载："县在山曲之阳，是曰曲阳。"可见"曲阳"之名是源自它独特的地理环境。

1.历史沿革

曲阳具有悠久的文化历史，据考古调查证实，这里早在新石器时代就有人类活动的遗迹。位于曲阳县晓林乡的钓鱼台，是一处具有较大规模的仰韶文化遗址，在约7万平方米的氏族村落遗址中，出土了石斧、石凿、燧石、骨铲、骨针以及大量彩绘泥质红陶和夹砂红陶。根据出土文物推断，钓鱼台遗址距今已有5000余年历史。在曲阳县城西北约1公里的白家湾、孟良河一带，也曾发现商周时期的文化遗址。春秋战国时期，曲阳隶属于由"白狄"统治的中山国，据《史记》记载，赵武灵王二十一年攻中山国，"合军曲阳……中山献四邑和"。这是史料中最早关于曲阳地名的记载。公元前296年，中山为赵国所灭，包括曲阳在内的中山国城邑版图悉入赵

---

[1] 通天河发源于神仙山(即古恒山，又称"大茂山")南麓，因源头地势很高，水似从天而降得名，又因水源于恒山故又称"恒水"，系季节性河流。

[2] 三会河发源于曲阳县北部青山、铺塔石、红岗三处，三条支流于仁景树、葫芦洼一带相汇，故称"三会河"。三会河从磨子山至南镇段除汛期外，其他季节均干涸无水，故又名"干河沟"。

国。公元前221年，秦始皇统一六国，建立了中国历史上第一个多民族的统一的封建专制国家。为了加强中央集权，秦王嬴政把传统的诸侯分封制改为郡县制，将天下划分为36个郡，郡下统县。曲阳当时隶属于恒山郡，恒山郡辖地大致为战国中山故地，辖有6县，曲阳建县当始于此时。西汉初期，为避汉文帝刘恒名讳，将恒山郡改名为"常山郡"，曲阳县亦改隶常山郡。当时，在巨鹿郡所领的21个县中有一个县与曲阳重名，故将常山郡之曲阳县称"上曲阳"，将巨鹿郡之曲阳县（今藁城、晋县）称作"下曲阳"。汉朝统治者为了进一步加强对郡国的控制，在全国设置了13个州部，曲阳所在的常山郡（即秦代的恒山郡）属冀州刺史部。这种由郡、县两级制向州、郡、县三级地方行政建置的转化，到东汉时期基本完成并一直沿用至魏晋南北朝时期。公元398年，北魏占据了幽、冀诸州之后，拓跋珪相继在河北境内设置了12个州，北魏天兴二年(400年)设置定州，辖5郡29县，曲阳隶属定州中山郡，此后随着朝代的更迭，曲阳的名称及建置区划虽偶有改变，但绝大部分时间隶属定州。

2.北岳祭祀与曲阳城的发展

据《曲阳县志》记载，自汉武帝封禅五岳起，即在曲阳建祠祭拜北岳恒山，此后"历朝祀事为多"。如隋大业四年(608年)"隋炀帝杨广亲临曲阳祭

北岳，西域十余国皆来助祭，河北道郡守也齐集曲阳，并大赦天下。唐僖宗光启元年(885年)，晋王李克用也曾亲到北岳庙祭祀。明洪武十年(1377年)魏国公徐达受明太祖朱元璋的委托曾来曲阳北岳庙致祭。历代帝王祭祀北岳的活动是十分隆重的，唐贞观年间规定，年各一祭，牲用太牢（即用牛、羊、猪各一)，祀官由都督、刺史充当。宋真宗时每年祭岳，遣使奉玉册衮冕等祭品，设立道场，举行祭奠，一连三昼夜或七昼夜不等，甚是隆重热闹。"[3]此外《曲阳县志·金石录》中著录的历代碑刻，大多数也与北岳恒山有关，如汉"恒山下庙碑"、"北岳恒山碑"，晋"北岳祠堂颂"碑，北魏"恒山铭"碑等，这些早期记载北岳恒山的碑刻早已泯灭，仅在古籍中有载。除此之外，曲阳北岳庙内目前还保存着历代祭祀北岳、重修北岳庙的碑刻近百通，如唐开元五年（727年）定州刺史张嘉贞撰并书的"大唐北岳祠碑"，唐天宝七年（748年）"大唐北岳恒山封安天王之铭"碑，北宋大中祥符八年（1016年）"北岳安天元圣帝碑铭"，北宋皇祐二年（1050年）定州安抚史韩琦撰并书的"大宋重修北岳庙之记"碑以及明代开国皇帝朱元璋封"五岳"为神的"大明诏旨"碑等。这些历尽沧桑的古代遗珍，至今仍屹立于曲阳北岳庙中，向人们默默地诉说着曲阳昔日的辉煌。

曲阳北岳庙是汉唐以来历代帝

王祭祀北岳的场所，据史料记载，北岳庙原有"上庙"和"下庙"两处，上庙建于恒山，又称"上祠"、"上寺"。下庙建于曲阳城西南隅，又称下祠、下寺。北魏宣武帝时期"曲阳城迁至今址，庙亦兴建此时，之后历代均有增建和重修。初时规模较小，唐开元二十三年(735年)扩建。宋淳化元年（990年）契丹入掠纵火焚庙，二年（991年）奉诏重修，至绍圣四年（1097年）大殿增建引檐，布局基本完成。元初世祖特旨重修，于至元七年（1270年）完工。明嘉靖十五年（1660年）增建御香亭（即敬一亭），至此北岳庙的规模达到顶峰[4]。"古代祭祀岳山被视作天子为百姓"蒙嘉气，获丰年"的大事，祭祀场面隆重，祭祀场所也十分讲究。北岳庙属于神圣的祭祀建筑，在古人心中，这里是人与神灵之间进行沟通、交流的圣地，具有极为崇高的地位。历代统治者在营建或修缮祭祀建筑时，都不惜投入大量的人力、物力，采用最先进的技术，使用最好的建筑材料，务求尽善尽美。北岳庙是曲阳现存古迹中面积最大、保存最好的一组古代建筑。据勘测，北岳庙占地南北长542米，东西宽321米，总面积达17万平方米。目前保存下来的建筑共有10座，占地3.8万平方米，其中祭祀北岳的主体建筑"德宁之殿"高25米，建筑面积2000余平方米。"其规模与今存的中岳庙竣极殿、东岳庙的

[3] 薛增福、王丽敏主编：《曲阳北岳庙》，河北美术出版社，2000年4月。

[4]《中国大百科全书·文物·博物馆》，中国大百科全书出版社，1995年。

图1.曲阳北岳庙主殿——德宁之殿

天贶殿大体相同，均为重檐庑殿顶。规格高，体量大，显示了岳祀的等级[5]。"德宁之殿的结构具有明显的元代风格，规模宏大，气势壮观，是国内现存最大的元代木结构建筑。北岳庙不仅建筑出色，殿内的巨型壁画更是出类拔萃。"德宁之殿内东西两壁和北山墙背后，均绘有巨幅彩色壁画。东西两侧壁画各高8米，长18米，北山墙壁画高8米，长27米，壁画总面积为504平方米[6]。"东西壁画的内容据《曲阳县志》记载为唐代吴道子所绘《天宫

图》，但实际应为元代所绘《五岳出行图》。壁画构图严谨，设色富丽，画面人物众多，主次分明，其中主像高达6米，在同期壁画中可谓罕见。画法上采用重彩勾填并大量使用沥粉贴金，人物衣纹以及旗幡彩带飘逸流畅，确有"吴带当风"的韵味，具有极高的艺术水平，是元代壁画中难得的精品。北岳庙现存建筑不过是整个庙宇群体的一部分，由此不难想象当年鼎盛时期那种殿宇巍峨、气势宏伟的庄严景象。

随着年复一年的祭岳活动和北岳庙的不断增建重修，曲阳城也得以不断发展，"古曲阳城周五里十三步，而北岳庙则居其半，可见曲阳城是伴随着北岳庙的兴建而发展起来的[7]。"（图1）

3.优秀的科技文化传统

从曲阳历史沿革可以看出，这里早在新石器时代已经出现了文明的曙光，到了春秋战国时期，又成为北方民族"白狄"建立的中山国的属地，因此它的文化传统与典型中原文化既有明显区别又有紧密的联系。白狄原

---

[5] 薛增福、王丽敏主编：《曲阳北岳庙》，河北美术出版社，2000年4月。

[6]、[7]曲阳县文物保管所编：《曲阳揽胜》，2000年12日。

图2.铜错银双翼神兽（战国）

图3.黑陶压光虎纹鼎（战国）

本发源于陕西，春秋时期东迁到太行山以东地区，先称"鲜虞"，战国时期改称"中山"。战国时期中山国是夹在燕、赵两大强国之间的一个"千乘"小国，但其经济、文化十分发达，军事实力也相当雄厚，特别是恒公迁都灵寿之后，达到了历史的鼎盛时期。据史料记载，中山国曾趁齐宣王伐燕之际，趁机攻掠燕地"方数百里，列城数十"。《战国策》中对中山国的骁勇善战有这样一段记载："昔者，中山悉起而迎燕赵，南战于长子，败赵氏；北战于中山，克燕军，杀其将。夫中山千乘之国也，而敌万乘之国二。"在群雄称霸的时代，中山国能够与实力强大的齐、赵、魏、燕并肩称王，充分显示了其雄厚的经济、军事实力。由白狄建立的中山国在300余年的历史中几经兴灭，其间北方民族的优秀文化与中原文化相互交融，曾经创造出举世瞩目的灿烂文化。河北平山战国中山王墓中出土的大量精美文物，充分展示了中山国高度发达的科技水平。青铜器中的错金四龙四凤方案、错金银虎噬鹿屏风座、错银双翼神兽等精美文物，艺术构思新颖别致，工艺技巧更是令人叹为观止。"器上纹饰除横铸蟠螭、蟠虺、云雷纹外，还有错金银、错红铜、填漆、嵌松石或玻璃等。其铸造方法除浑铸外，还有嵌铸、铆接、焊接、铸接和失蜡法等。有的器物造型结构复杂，有的器物转轴可自由转动且毫无缝隙，有的花纹细如毫发，有的动物形象自然逼真，反映出其铸造工艺的进步。"[8]出土陶器中的黑陶压光虎纹鼎、黑陶压光几何纹鸭形尊等磨光压花黑陶，造型优美，器表乌黑光亮，配以精美典雅的纹饰，具有独特的艺术风格。这些精美的艺术品与中原大国相比可以说毫不逊色，它标志着中山国在铸铜、制陶等当时的尖端科技方面保持着领先地位。中山被赵国所灭之后，其优秀的文化传统和先进的科学技术并未随之消亡，而是逐渐融入中原文化之中并日益发扬光大。由此可见，故属中山的曲阳有着优秀的文化、科技传统。（图2、3）

4.佛教文化与石雕艺术

佛教自汉代传入中国之后，很快在全国传播普及。北魏统一北方之后，佛教在北魏皇室的支持之下盛极一时，各地纷纷修建寺庙，雕造佛像成风。著名的山西大同云冈石窟和河南洛阳龙门石窟都是开凿于这一时期。据《曲阳县志·山川古迹考》载，曲阳境内的寺院多达70余处，其中修德寺、八会寺、宁定寺、清化寺、祥定寺等著名寺院，都有数量不

[8]《中国大百科全书·文物·博物馆》，中国大百科全书出版社，1995年。

等的石刻佛像传世。

修德寺遗址位于曲阳县城垣外西南，北隔护城河与城内的北岳庙遥遥相对，南侧是修德寺仅存的建筑物——修德寺舍利塔（图4）。1953年，当地农民在修德寺塔附近挖菜窖时，发现了大量残破石像，许多石像上还刻有文字。此后文物部门对修德寺遗址进行了初步调查和试掘，在一个2.5米乘2.6米的方坑中，出土了2000余件石像残件，其中刻有年款的就有237件，时代历北魏、东魏、北齐、隋、唐五朝。出土的石像中最早的为北魏神龟三年，最晚的为唐天宝九年，前后延续230余年[9]。发掘过程中，"在坑中曾得一石像拇指，其末端与手掌相接处的直径是9.9厘米，不难想象这尊佛的高至少要达10米以上；进一步更可想象到佛殿绝对不是个小寺院[10]。"

八会寺遗址位于盛产石料的黄山顶端，现仅存开凿于隋开皇十三年（593年）的佛龛。八会寺佛龛俗称"千佛殿"、"千佛堂"，亦称"开皇石经"。"佛龛在一石室内，高、宽各丈余，利用山岩巨石雕刻而成，四面皆凿为佛龛。共刻大小佛像78尊，像下俱刻佛经，并刻有佛名。正面刻有'妙法莲华经'、'观世音普门品经'，题曰'行唐邑龛，大隋开皇十三年二月八日刊[11]'。"位于西羊平镇西郭村的清化寺始建于唐代，明清两代都曾重修，遗址目前尚存一座7米高的唐代释迦佛立像和一块刻于明

图4.曲阳修德寺舍利塔

正德十一年的《重修清化寺记》碑。

曲阳盛产优质石料，曲阳石雕更是闻名遐迩，在中国雕刻史上占有极为重要的地位。由此可见，曲阳不仅是一处历史悠久的文化古城，绵延千年的祭祀文化、佛教文化以及发达的石刻艺术更使其具有深厚的艺术积淀，加上得天独厚的自然条件，为定窑最终成为一代名窑奠定了坚实的文化、物质基础。

[9]、[10] 罗福颐：《河北曲阳县出土石像清理工作简报》，李锡经《河北曲阳县修德寺遗址发掘记》，《考古通讯》，1955年第3期。

[11] 曲阳县志编纂委员会：《曲阳县志》，新华出版社，1998年10月。

（三） 考古调查与发掘

定窑是我国宋代五大名窑之一，生产的白釉刻花、印花瓷器享誉中外，在中国陶瓷发展史上占有重要地位。从金代后期起，定窑开始一步步走向衰亡，元代以后彻底停产。昔日烟囱林立、炉火冲天的繁荣景象不复存在，庞大的窑场复被辟为耕地。随着岁月的流逝，这个曾经显赫一时的著名窑场逐渐被人们遗忘。尽管历史文献中不乏对定窑的记载，但关于窑址地理位置的纪录大多笼统简略，诸如"古定器俱出北直隶定州"[12]、"古定器宋时所烧，出定州，今直隶真定府也"[13]等。而定窑遗址究竟在哪里成了中国陶瓷史中一个难解之谜。

最早发现涧磁村定窑遗址的是我国近代著名陶瓷学者叶麟趾先生。叶麟趾先生毕生致力于中国陶瓷的科学研究和窑业教育，同时也是中国古窑址考古调查的先驱之一。1934年，他在《古今中外陶瓷汇编》[14]一书中首次向世人公布了定窑遗址的准确位置在曲阳县涧磁村。"定州窑在今河北曲阳县。定州窑地址，考诸文献所载，皆指为今之河北省定县。然经实地调查，则绝无窑址可寻。当地之大白窑村，虽属近似，亦无确实之证明。或谓自唐以来，所称定州，非只限于今之保定与正定之间者，其地域较为广大，即保定、正定、平定等处，亦皆包括在内，总名曰定州云。是说未免过于广义者，因平定窑当时俗称西窑，其器与所谓定器比较，显有不同之点。且保定、正定，亦皆无相当之窑迹也。曩者闻说曲阳产磁，偶于当地之剪子村发现古窑遗迹，并拾得白磁破片，绝类定器。据土人云：昔之定窑，即在此处。又附近之仰泉村，亦为定器出产地，然已无窑迹矣。此说诚有相信之价值，且旁考地理上之关系，则曲阳距定县四十里，唐名恒阳县，原属定州，盖所称定州，乃指其大地名而言，非专指今之定县。即如唐之邢州窑，在距今邢台县约五十里之内丘县，饶州窑在距今鄱阳县即昔之饶州府约一百八十里之浮梁县，是其最明显之比例也。现今曲阳县尚有制陶者，器虽粗糙，然却属定窑之本派。或谓定窑废灭于元末，盖因当时已无优良之品，故无关于此后曲阳之制作也。"（文中提到的"剪子村"和"仰泉村"当为曲阳本地方言"涧磁村"、"燕川村"之讹音）[15]根据这段记载可以看出叶麟趾先生当年首先根据文献记载对定州及周边地区进行了详细的调查采访，而后又根据当时州县的历史沿革扩大调查范围，最终在定州西北40公里的曲阳县涧磁村找到了定窑遗址。

《古今中外陶瓷汇编》最早刊载于北平大学工学院所编的《化学季刊》，之后又刊印了单行本。日本著名陶瓷学者小山富士夫对叶麟趾先生编著的《古今中外陶瓷汇编》颇为叹服，并于1941年按照书中提供的线索前往涧磁村进行考察。在这次考察中，小山富士夫从窑址采集了1200余片定窑瓷片，回国后发表了《定窑窑址の发见に就いて》[16]。定窑遗址的发现揭开了定窑神秘的面纱，为科学系统地研究定瓷打开了大门，叶麟趾先生的这一重大发现不仅是中国近代陶瓷考古中最为引人注目的成果，他那种"结合当时州县的历史沿革来考察论证的思维方法，更为后世关于古窑址的考据和探索打开了一条新的思路[17]。"

新中国成立之后，在著名古陶瓷专家陈万里先生的带领下，我国陶瓷学者系统地对南北方重要古陶瓷窑址进行了深入细致的调查。1951年，陈万里先生为了确定涧磁村是否就是定窑遗址，亲自到涧磁村和燕川村进行了实地考察。结合窑址的地理位置以及《曲阳县志》中的有关记载，陈万

---

[12] 明曹昭：《格古要论》，明天顺三年本卷七。

[13] 清唐铨衡：《文房肆考》，清乾隆四十三年本卷三。

[14]、[15] 叶麟趾：《古今中外陶瓷汇编》，(北平)文奎堂书庄，1934年。

[16] 小山富士夫：《定窑窑址の发见に就いて》，《陶磁》（日本）13卷2号，1941年。根据书中的记载，小山富士夫先生在涧磁村采集瓷片1106片，在燕川村采集瓷片99片，共计1205片。这些瓷片标本分别保存在日本根津美术馆和出光美术馆。根津美术馆1983年出版的《定窑白磁》，公布了小山富士夫先生当年采集的定窑瓷片标本。

[17] 叶喆民：《定窑窑址发现50周年——纪念我国陶瓷界老前辈叶麟趾先生》，《硅酸盐通报》1984年，第3期。

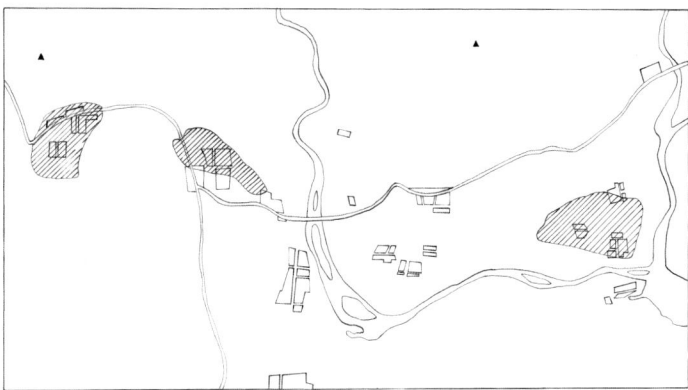

图5.定窑遗址分布图

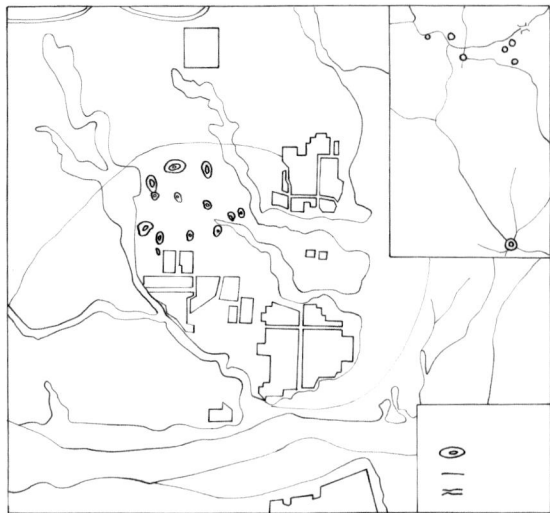

图6.定窑涧磁村遗址平面图

里先生得出了肯定的结论："就瓷窑所发现的遗品说，可以确定此处为定窑遗址，毫无疑问，因为定器有它的特征，如刻画花纹的图案，如釉上所表现的泪痕，以及细腻洁白的瓷胎等等，都是很容易与其他仿定的瓷器区别的。"[18]1957年，冯先铭先生为了解决定窑的上下限问题和紫定、黑定等问题，率领故宫博物院的古陶瓷研究者再次对定窑遗址进行了详细调查，采集瓷片标本1300余片。此后从70年代起，国内外陶瓷界的许多著名专家学者都对定窑遗址进行过调查。

1960年至1962年，河北省文物工作队对涧磁村定窑遗址进行了详细调查和局部试掘，经测量，窑区范围东西长约1400米，南北宽约为1000米。

总面积117万平方米。在调查和勘探的基础上，先后开掘了12个探方，试掘总面积420平方米。"在调查中，共获得上自晚唐，下迄金、元的遗物35件。在试掘中，前后出土遗物216件，其中瓷器123件，工具与窑具26件，铜钱76枚[19]。"这次试掘根据地层堆积、叠压的情况，参照历史文献中的有关记载，首次对定窑的烧瓷历史进行了分期。尽管这次发掘的面积非常有限，对定窑历史分期的依据也不够充分，但调查中采集的定瓷以及试掘所获得的大量瓷片标本，使人们对定窑有了比以往更加深刻的了解。

1985年至1987年，河北省文物研究所对定窑遗址及周边地区进行了详细的考古调查，除了涧磁村和东、西燕川村外，又在野北发现了窑址遗

迹。这次调查确定了曲阳县定窑遗址分布的范围：在灵山盆地东西长约10公里、南北宽约1至2公里的狭长地带，分布着三处烧瓷窑址遗迹，自东向西分别为涧磁区、野北区和燕川区。（图5、6）

涧磁区是三处遗址中规模最大的一处，包括南北镇、涧磁岭、涧磁村西三个小区。南北镇区"位于南北镇村内外，处在定窑遗址的最东端。南北镇内是旧时瓷业中心龙泉镇所在地，现为北镇新村，新村内外分布着许多瓷窑作坊遗迹[20]。"涧磁岭区"位于涧磁村北，东与南北镇区相邻，两区间以泉水沟为界；西与涧磁村西区相邻，两区间以白石沟为界。涧磁岭基本保存着遗址原来地貌，地上地下到处是烧瓷窑炉和作坊遗迹，

[18] 陈万里先生1951年考察定窑遗址的调查报告见《邢越二窑及定窑》，《文物参考资料》，1953年第9期。

[19] 河北省文化局文物工作队：《河北省曲阳县涧磁村定窑遗址调查与试掘》，《考古》，1965年第8期。

[20] 河北省古代建筑保护研究所：《曲阳县定窑遗址保护规划方案》，2001年5月。

瓷片、窑具和窑炉废渣俯拾皆是，有的地方堆积厚达10多米。整个涧磁岭上至今还保持着大小不等当地称为'瓷片堆'的土丘13个。它们是定窑遗址最为明显的标志[21]。"涧磁村西区"位于涧磁村西，东临涧磁岭区。此区未经发掘，但从沟坎断崖上可以见到窑炉和作坊的遗迹，有的地方有大量匣钵、支圈和瓷片堆集[22]。"

野北区是定窑三处遗址中规模最小的一处，位置夹在涧磁区和燕川区之间，在"野北村和杏子沟村都有大量匣钵、支圈和瓷片堆集。野北村的北偶曲阳至阜平公路的东西两侧，经考古调查和发掘，发现有多处窑炉、作坊遗迹[23]。"

燕川区"在定窑遗址的西端，亦可称为西区。此区位于东西燕川村内外，它是定窑遗址仅次于涧磁区的又一个中心区域。在东西燕川两村，原来也有相同涧磁岭'瓷片堆'似的一些土丘，现在多已夷平盖了房屋，在东西燕川两村间的'大寺'旧址，地方国营'二矿'场院和西燕川村西南'坑子地'民宅附近，经考古调查和发掘，均发现有瓷窑作坊遗迹和遗物[24]。"

在考古调查的基础上，河北省文物研究所先后在涧磁、北镇、燕川和野北选择了7处发掘点进行发掘。这次发掘的规模远远大于1960年第一次试掘，发掘总面积将近2000平方米，发现了大量窑炉、作坊等遗迹，出土瓷

图7.定窑窑炉遗迹（金代）

器、窑具、铜器、铁器、钱币等1万余件，瓷片标本37万余片，为科学系统地研究定窑提供了大量宝贵的资料[25]。（图7）

2009年9月至12月，河北省文物研究所、北京大学考古文博学院、曲阳县定窑遗址文物保管所组成联合考古队，再次对定窑遗址进行了考古发掘。此次发掘旨在全面了解定窑各时期产品的总体面貌和烧造工艺特征，为判定定窑始、终烧时间寻找可靠依据。为了全面获取定窑遗址的地层资料，考古队分别在涧磁岭、北镇、涧磁西及燕川4个地点布方发掘，共布方21处，发掘总面积776平方米。"清理各类遗迹94处，其中窑炉11座、作坊12座、房基3座、灰坑45个、灶7座、墓葬2座、沟6条、界墙8道，出土了数

以吨计的各时期的瓷器和窑具，其中完整或可复原标本数千件。"[26]

在涧磁、北镇区域的发掘中，发现并清理了多处自金代至中晚唐的连续叠压地层，为解决"定窑的始烧时间、发展、繁荣的阶段性特征、五代至金的贡御情况、五代至金各期窑炉的结构及特征等问题[27]"提供了可靠依据。此次发掘还"出土了一批代表定窑各时期贡御情况的重要遗物，如五代、宋初地层中的'官'字款器物，北宋地层中的带'尚食局'、'尚药局'、'乔位'款，装饰龙纹的器物，其中还有一些仿古代青铜礼器造型的器物和精美的瓷塑制品；金代地层中的'尚食局'、'东宫'款碗盘等，都为我们研究定窑贡御瓷器的特征及历史提供了实物资料[28]。"

[21]、[22]、[23]、[24] 河北省古代建筑保护研究所：《曲阳县定窑遗址保护规划方案》，2001年5月。

[25] 此次窑址发掘的正式报告目前尚未发表，文中的有关数据来源于1987年、1988年《中国考古学年鉴》。

[26]、[27]、[28] 韩立森、秦大树、黄信、刘未：《定窑遗址考古发掘取得重要成果》，《中国文物报》，2010年1月22日。

（四） 烧造历史及分期

关于定窑瓷器的分期问题，多年来古陶瓷学者已经做了大量的工作并取得了很大成果。主要的分期观点有以下几种：

1.分为晚唐、五代、北宋三期[29]。

2.分为唐、五代、北宋、金、元五期。其中北宋部分又细分为早、中、晚三期[30]。

3.分为晚唐至五代、北宋至金哀宗天兴三年、金天兴三年至元至正二十八年三期[31]。

4.分为唐至五代、北宋早期至中期、北宋晚期至金代三期[32]。

第一种分期是1960年至1962年河北省文物工作队对涧磁村遗址进行局部发掘后，根据地层叠压关系并参考历史文献的有关记载划分的[33]。由于当时墓葬出土的定瓷较少，尚不能利用墓葬年代来编年排比出标准器与之对比，因此地层分期误差较大。例如第一层(试掘报告中定为北宋文化层)出土的刻花、印花白瓷中，有相当一部分应是金代产品[34]。第三层(试掘报告中定为晚唐文化层)出土的黄釉深腹碗，直口，深腹，平底微内凹，碗心有三个支钉痕，具有初唐特点。此外本层出土的浅腹平底碗"外施黄釉内施白釉，胎厚重，制作粗糙，这种碗具有唐代早期的典型风格"[35]。因此这一层应包含唐代早期至中期。夹在中间的第二层(试掘报告中定为五代文化层)则应为晚唐至五代。由于这种分期出现早，又源于窑址，因此在很长一段时间内成为人们判定定窑瓷器年代的主要依据。

第二种分期利用大量具有确切纪年的墓葬进行排比，并与窑址出土的标本相互印证，因此具有较强的科学性和权威性。这种分期主要侧重于宋代，将北宋细分为早、中、晚三期。早期从太祖建隆元年至真宗乾兴元年，中期从仁宗天圣元年至神宗元丰八年，后期从哲宗元祐元年至钦宗靖康二年。宋代以前没有正式列入定窑分期，仅有简要介绍[36]。这种分期是各类定窑分期中划分最细的一种，但目前看来，当时用于编年进行排比的资料除北宋早期比较充分外，中、晚期的资料均相对较少。因此中、后期两段的立论依据显得不够充分。此外，北宋、辽代墓葬出土的定瓷与金代墓葬出土同类作品有很多极为相似，其艺术风格可以说完全一致。因此这种分期虽然很细，但其完善性仍值得商榷。

第三种分期是从研究定窑的烧造工艺、制瓷原料等方面入手，结合墓葬出土资料和窑址标本，将定窑分为三期。这种分期的特点是充分考虑到陶瓷产品并不完全随时代的更替而变化，这一点与目前定窑晚唐与五代、北宋晚期与金代的产品难以准确区分的情况是一致的。因此这种分期在实际鉴定工作中非常实用。

第四种分期与第三种大致相同，但在时段的划分上更趋合理，每一期瓷器的工艺特征和艺术风格都非常接近，应当说是目前较为科学的一种分期。

以上四种分期发表的时间依次是1965年、1983年、1983年、1987年。不难看出，随着时间的推移，出土资料日渐丰富，对定窑的分期也日趋完善。

瓷器艺术风格的变化是复杂的，它受到政治、文化、宗教、工艺以

[29] 河北省文化局文物工作队：《河北省曲阳县涧磁村定窑遗址调查与试掘》《考古》，1965年第8期。

[30] 冯先铭：《定窑》，《中国陶瓷·定窑》，上海人民美术出版社，1983年9月。

[31] 李辉柄：《定窑的历史以及与邢窑的关系》，《故宫博物院院刊》，1983年第3期。

[32] 谢明良：《定窑白瓷概说》，《定窑白瓷特展图录》，台北故宫博物院，1987年。

[33] 1960年至1962年，河北省文物工作队在涧磁村进行局部试掘时，可供编年排比的墓葬资料几乎没有。只好根据考古发掘的地层参考历史文献著录来划分年代。而历代文献大多将定窑刻花、印花白瓷定为北宋。如明代《格古要论》、清代《文房肆考》等书均提到定窑瓷器以政和、宣和时期最好。"古定器宋时所烧，出定州，今直隶真定府也。像窑，色有竹丝刷纹者曰北定，以政和、宣和间窑为最好……定器土脉细，有光素、凸花、划花、印花、绣花等种，多因牡丹、萱草、飞凤，式多工巧……"(清唐铨衡：《文房肆考》)定窑遗址试掘时的地层分期，显然受此影响。

[34] 从70年代起，金代墓葬中出土的定瓷日渐丰富，特别是北京通县金大定十七年石璧宗墓、吉林农安金定二十四年赵景兴墓等纪年墓葬，为鉴定金代定窑提供了可靠的依据。1978年曲阳县北镇村窖藏出土了4件印花模子，其中3件刻有金代年款。用这些资料对照窑址出土标本，即可发现试掘报告中将宋、金两个时代的标本统统定在了北宋。

[35] 中国硅酸盐学会主编：《中国陶瓷史》，文物出版社，1982年。

[36] 冯先铭先生在《中国陶瓷·定窑》中对定窑的分期实际上是从北宋开始，宋以前仅在"定窑烧瓷历史"一节中有简要介绍。另外在《中国陶瓷史》第5章第3节中，冯先铭先生是用"曲阳窑"之名介绍唐、五代定窑，之后在第6章第1节介绍定窑时，又重复介绍了这段历史。笔者认为涧磁村定窑遗址是一个具有上下叠压关系的整体，如果以时代为界将其分别定名为"曲阳窑"和"定窑"，不仅在分期上会产生矛盾，同时也不利于全面系统地研究定窑的烧瓷历史。

及人们审美意识等多种因素的影响，并不完全随着时代的更替而变化，一种成熟产品的生产周期往往是跨时代的。因此，科学的分期不应机械地按照历史分期来划分，而应当按其艺术规律来划分。综合前人的研究成果，对照最新的出土资料，定窑目前大致可以分为四期，即唐代早期至中期、晚唐至五代、北宋早期至中期、北宋晚期至金代。

第一期（唐代早期至中期）是定窑由创始逐步走向成熟的初级阶段。从窑址出土的瓷片标本看，叠压在最底层的是一些粗胎黄釉瓷和褐釉瓷[37]，其中数量最多的是一种外黄釉内白釉浅腹平底碗，此外还有少量直口深腹碗。这两种碗的造型都具有唐代早中期的典型风格，显然是定窑初创时期的产品。而窑址出土的黄釉席纹执壶、三足炉以及一些加施化妆土的白釉瓷，胎色虽仍较深，但胎质坚硬细腻，釉面明亮光润。与早期相比在工艺技术和整体质量上都有明显提高。因此，应当是唐代中后期的产品。定窑唐代中期已经基本上完成了由黄釉

瓷向白釉瓷的过渡，此时白釉瓷绝大部分仍需使用化妆土，但胎质和釉色差异较大，其中部分高档产品已经接近或达到了精白瓷的水平。由此可见，唐代中期定窑正处在由粗向精逐渐过渡的阶段。

第二期（晚唐至五代）是定窑烧瓷历史上的第一个高峰。烧制精白瓷的技术此时已经完全成熟，产品胎体洁白，从断面看瓷化程度很高。釉色及釉面质量虽然仍不够稳定，但光亮莹润、釉色洁白者已占多数。科学测试的数据表明，此时定窑白瓷胎釉的质量达到了历史顶峰，其品质远远高于宋金时期的刻花、印花白瓷，其中薄胎白瓷普遍具有较好的透影性。

这一时期出土的资料也相对比较丰富，其中可供编年排比的纪年墓葬有：河北省灵寿县唐景福二年(893年)墓[38]、浙江省临安县唐光化三年(900年)钱宽墓[39]和天复元年(901年)水丘氏墓[40]、河北省曲阳县五代同光二年(924年)王处直墓[41]、江苏省五代吴大和五年(933年)王氏墓[42]、安徽省合肥市五代保大四年(946年)汤氏墓[43]、内蒙古自治区赤峰市辽

应历九年(959年)驸马赠卫国王墓[44]等。此外，1997年河北省曲阳县涧磁村晚唐墓群出土的几十件白瓷[45]以及西安市火烧壁窖藏出土的"官"字款白瓷[46]，也为研究晚唐、五代定窑瓷器提供了重要的参考依据。

第三期（北宋早期至中期）是定窑装饰艺术发生明显转变的时期。经过晚唐五代的发展，定窑已经完全掌握了生产高白瓷的技术。在此基础之上，除了造型不断变化创新外，开始注重对器物的装饰。这一时期定窑瓷器的装饰主要以深刀雕刻的莲瓣纹和大朵缠枝牡丹为主，同时也有少量采用针状工具划刻的浅细纹饰。技法与纹饰主要是模仿越窑和耀州窑，装饰风格尚未形成自己的特点。1985年至1987年，河北省文物研究所对定窑进行再次发掘，在北宋中期文化层中，出土的制范白瓷标本中既有刻线遒劲、花纹飘逸的，也有偏刀深挖具有浅浮雕效果的，这表明北宋中期定窑装饰工艺处于转型阶段。

北宋早期纪年墓葬、塔基中出土的定窑瓷器较多，可供编年排比的有

[37] 定窑遗址的地层叠压关系并非完全一致。窑区东部（北镇一带）唐代早期瓷片有的叠压在最底层，有的直接裸露在地表。涧磁岭、涧磁村一带唐代早期瓷片都叠压在底层，地表很难见到。

[38] 灵寿县景福二年墓位于灵寿县董家庄。此墓早年遭破坏，县文保所从农民手中收集回部分文物。其中有两件胎体坚薄的白釉"官"字款钵和一块带墨书题记的长方形砖，砖上有墨书干支年款"□福二年岁次癸丑十月乙未朔"。查对历代年表，唐代景福二年(893年)正好是癸丑年，故此墓的时代应为唐代景福二年。

[39] 浙江省博物馆、杭州市文管会：《浙江临安晚唐钱宽墓出土天文图及"官"字款白瓷》，《文物》，1979年第12期。

[40] 明堂山考古队：《临安县唐水丘氏墓发掘报告》，《浙江省文物考古所学刊》，1981年。

[41] 王处直墓位于曲阳县西燕川村，墓葬本身就在定窑西燕川窑区范围之内，东距定窑主窑场涧磁村不足10公里。该墓葬曾两次被盗，1995年省文物研究所对其进行了抢救性发掘，发掘报告见文物出版社1989年出版的《五代王处直墓》。

[42] 江苏省文物管理委员会：《五代 — 吴大和五年墓清理记》，《文物》，1957年3期。

[43] 石谷风、马人权：《合肥西郊南唐墓清理简报》，《文物参考资料》，1958年3期。

[44] 前热河省博物馆筹备处：《赤峰县大营子辽墓发掘报告》，《考古学报》1956年3期。

[45] 1996年至1997年，涧磁村附近的古墓群遭到严重破坏，不少墓葬被犯罪分子盗掘，大量珍贵文物流失。当地文物部门和公安部门一方面全力制止盗掘事件，一方面清理、收缴出土文物。但大多数追回的文物已无法确定出自那个具体墓葬。在一座未被盗掘的晚唐墓中出土了20余件精美的白瓷，为建国已来所少见。

[46] 王长启等：《西安火烧壁发现晚唐"官"字款瓷器》，《考古与文物》，1986年4期。

北京市辽统和十三年(955年)韩佚夫妇墓[47]、河北省定州市北宋太平兴国二年(977年)静志寺塔基和至道元年(995年)净众院塔基[48]、北京市顺义县辽开泰二年(公元1013年)净光舍利塔基[49]、内蒙古自治区哲里木盟辽开泰七年(1019年)陈国公主及驸马合葬墓[50]、辽宁省朝阳市辽开泰九年(1020年)耿延毅夫妇墓、辽宁朝阳辽太平元年(1026年)耿新知墓[51]。此外，辽宁省铁岭市叶茂台辽墓[52]、辽宁省北票市水泉一号辽墓[53]以及辽宁省建平县张家营子墓[54]虽非纪年墓葬，但从墓室结构以及出土的辽瓷看，均具有鲜明的辽代早期风格，故亦可作为重要的参考资料。与之相比，北宋中期纪年墓葬出土的定窑瓷器相对贫乏。只有北京市丰台区辽重熙二十二年（1053年）王泽墓[55]、江苏省镇江市北宋熙宁四年（1071年）章泯墓[56]以及辽宁省阜新市大康元年（1075年）萧德温墓[57]。此外，北宋中期可供参考的非纪年墓

葬还有北京市丰台区辽代石棺墓[58]和北京市府右街两座辽墓[59]。

第四期（北宋晚期至金代）是定窑的鼎盛时期。刀法流畅飘逸的刻花瓷器，画面繁缛富丽的印花瓷器以及成熟的覆烧工艺，标志着定窑进入了历史上最为辉煌的时期。古籍中对定瓷的记载、描述以及国内外博物馆收藏的定窑瓷器，也大多属于这一时期的产品。此时定窑瓷器主要以精美的刻花、印花见长。在早期刻划花装饰的基础之上，定窑的制瓷匠师逐渐摸索出一套适合薄胎白瓷的多齿刀具刻划花工艺，装饰纹样已臻成熟。隽秀流畅、生动自如的线条充满了动感与活力。而富丽别致的印花工艺不仅将图案纹饰的装饰作用发挥得淋漓尽致，而且起到了规范器物尺寸规格的作用，非常适合大规模批量生产。

北宋后期出土定窑瓷器的纪年墓葬很少，只有内蒙古自治区昭乌达盟辽寿昌五年尚暐符墓（1099年）[60]和

北京市西郊辽天庆三年丁文道墓（1113年）[61]。金代以及南宋时期的记年墓葬相对较多，有北京市通县金大定十七年石宗璧墓（1177年）[62]、辽宁省朝阳市金大定二十四年马令夫妇墓（1184年）[63]、江苏江浦县南宋庆元五年张同之夫妇墓（1199年）[64]、江西吉水县南宋宝祐二年张宣义墓（1254年）[65]等。此外，曲阳县北镇村出土的3件纪年印花模子和英国大英博物馆、大维德基金会收藏的三件纪年印花模子[66]也是判定这一时期印花瓷器风格的重要依据。

2009年，河北省文物研究所与北京大学考古文博学院对定窑遗址的发掘，清理出多处连续叠压的地层，另外在对定窑燕川区的发掘中，清理了元代地层及遗迹，出土了大量元代瓷器标本。这些考古成果为定窑瓷器分期提供了宝贵的新资料。随着今后墓葬、窑址考古资料的不断丰富，相信定窑的分期一定会更加趋于科学完善。

[47] 北京市文物工作队：《辽韩佚墓发掘报告》，《考古学报》，1984年3期。
[48] 定县博物馆《河北定县发现两座宋代塔基》，《文物》，1972年8期。
[49] 北京市文物工作队：《顺义县辽净光舍利塔基清理报告》，《文物》，1964年8期。
[50] 内蒙古自治区文物考古研究所、哲里木盟博物馆：《辽陈国公主墓》，文物出版社，1993年。
[51] 朝阳地区博物馆：《辽宁朝阳姑营子辽耿氏墓发掘报告》，《考古学集刊》，1983年3期。
[52] 辽宁省博物馆、辽宁铁岭地区文物组：《法库叶茂台辽墓记略》，《文物》，1975年12期。
[53] 辽宁省博物馆文物队：《辽宁北票一号辽墓发掘简报》，《文物》1977年12期。
[54] 冯永谦：《辽宁省建平、新民的三座辽墓》，《考古》，1960年2期。
[55]、[58]、[59] 北京市文物管理处：《近年来北京发现的几座辽墓》，《考古》，1972年第3期。
[56] 镇江市博物馆：《镇江市南郊北宋章泯墓》，《文物》，1977年第3期。
[57] 李文信：《辽瓷简述》，《文物》1958年第2期。
[60] 郑隆：《昭乌达盟辽尚暐符墓清理报告》，《文物》，1961年第9期。
[61] 北京市文物工作队：《北京西郊百万庄辽墓发掘简报》，《考古》，1963年第3期。
[62] 北京市文物管理处：《北京市通县金代墓葬发掘简报》，《文物》，1977年第11期。
[63] 辽宁省博物馆：《辽宁朝阳金代壁画墓》，《考古》，1962年第4期。
[64] 南京市博物馆：《江浦黄悦岭南宋张同之夫妇墓》，《文物》，1973年第4期。
[65] 陈定荣：《江西吉水记年宋墓出土文物》，《文物》，1987年第2期。
[66] 1978年，距涧磁村仅1公里的北镇村出土了4件完整的金代印花模子，其中2件刻有"大定二十四年"年款，一件刻有"泰和六年"年款，另一件未刻年款，内壁右侧刻"刘家模子"，左侧刻"何"字。英国大英博物馆收藏的两件一件为"大定二十九年"，另一件为"泰和三年"。大维德基金会收藏的一件为"大定二十四年"。

第二章 产品类别

（一） 黄釉瓷

黄釉瓷是唐代北方窑场普遍生产的一个品种，它与南方生产的青瓷实际上同属一类，只是由于釉料成分、烧成气氛等方面的原因，瓷器釉面多呈黄色或黄绿色。定窑初创时期主要以黄釉瓷器为主，产品中数量最多的是碗。从窑址采集、发掘的标本看，早期黄釉瓷胎质粗松厚重，造型不规整，采用三角形支钉叠烧，碗心有三个明显的支钉痕。釉质粗劣，施釉不匀，呈色极不稳定。其中有一种浅腹平底碗，外施半截黄釉，内施白釉，是唐代定窑具有地方特色的产品，河北其他窑场很少见到。到了唐代中期，定窑黄釉瓷的质量明显提高，经过淘洗处理的胎体杂质大大减少，但由于原料中含铁量较高，胎色多为浅灰、灰白、灰黄等色，仍需使用化妆土。从唐代中晚期开始，白釉瓷逐渐成为定窑产品的主流，黄釉瓷虽然仍在生产，但数量明显减少。与早期相比，唐代中期定窑生产的黄釉瓷胎体坚致细腻，造型规整，施釉均匀，釉面也比早期光洁莹润。定窑黄釉瓷主要流行于唐

图8.黄釉执壶（唐代）

图9.褐釉钵（唐代）

图11.白釉玉璧底碗（晚唐）

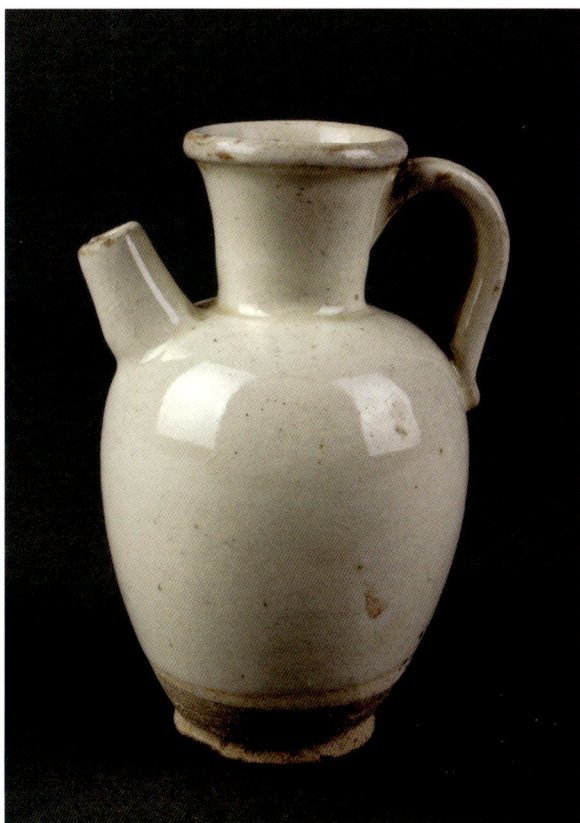

图10.白釉执壶（唐代）

代早、中期，唐代后期逐渐被白釉瓷所取代。从窑址出土的标本看，器物造型以碗类数量最多，此外还见有钵、罐、盆、执壶、三足炉等。（图8）

（二）　褐釉瓷

褐釉瓷流行的时段与黄釉瓷大致相当，但产量比黄釉瓷少，也属于定窑初创时期的产品。实际上褐釉瓷应当算作是定窑早期黑釉瓷，但釉色黑度不够，大多为灰褐色或褐绿色，色调极不稳定。胎质与黄釉瓷相同，粗松厚重，杂质较多。常见器型有碗、钵、罐以及葫芦瓶等。碗类多为外褐釉内白釉，造型与外黄釉内白釉浅腹碗相同，碗心有三个支钉痕，胎釉皆较粗糙。（图9）

（三）　白釉瓷

白釉瓷是定窑的代表作品，从唐代至金、元，历时700余年一直是其最主要的产品。早期白瓷质量粗糙，胎质与同期黄釉瓷、褐釉瓷相同，需要使用化妆土来美化胎体、提高白度。唐代中期以后，产品质量明显提高，经过淘洗处理的胎体杂质大大减少，但由于原料含铁量较高，胎色多为浅灰、灰白、灰黄等色，仍需使用化妆土。常见器型除碗外还有钵、罐、执壶等。装烧方法除沿用三叉支钉叠烧外，较为精细的产品已采用匣钵正烧。

晚唐五代时期，定窑已经掌握了烧制精白瓷的工艺技术，开始大量生产高品质的白瓷，器物造型除了传统的盘、碗、罐、执壶外，还出现了塔形罐、凤首壶、海棠式杯、带托茶盏、茶碾等。此时的产品胎体洁白坚致，瓷化程度很高，釉色及釉面质量虽然仍不够稳定，但光亮莹润、釉色洁白者已占多数。从目前的出土资料来看，晚唐、五代定窑产品的覆盖面非常广，不仅国内南、北方均有出土，还作为外贸商品远销国外。除了满足国内外市场的需求，定窑还承烧带有贡瓷性质的"官"、"新官"款瓷器。因此，可以说晚唐、五代是定窑烧瓷历史中的第一个高峰。（图10、11）

定窑工艺技术经过晚唐五代的发展，至北宋时日臻成熟。在此基础之上，除了造型不断变化创新外，更注重对器物的装饰。此时新出现的器型有净瓶、香炉、刻莲瓣纹盖罐，模仿石榴、桃子等果实的盖盒以及海螺、龟、轿等手工捏制的精美作品，各种模制的人形、兽形枕更是精美绝伦、美不胜收。

北宋后期至金代，定窑精美的刻花、印花白瓷已独树一帜。这种精美的装饰工艺很快就风靡全国，影响到包括景德镇在内的南北诸多窑场。在造型方面，此时的大宗产品以盘、碗、洗等圆器为主，瓶、罐、壶类立体琢器相对较少，总体

来看器物造型不如前期丰富。由于采用了先进的"覆烧法"，盘碗类器物底足满釉，口边无釉。胎体质量稳定，薄而坚致，但绝大部分产品处于微生烧状态，从断面看瓷化程度略差，胎色也不如前期那样洁白。此时定窑白瓷的釉色相对稳定，大多数呈白中微微泛黄的牙黄色，釉光柔和，透明度高，十分利于显露刻、印的花纹。由此可见，北宋后期至金代定窑白瓷胎体的质量与晚唐五代和北宋前期相比有所下降。胎体质量下降的原因可能是早期使用的那种优质瓷土已经枯竭，新开采的瓷土矿质量不如以前。（图12、13）

（四） 黑釉瓷

定窑的黑釉瓷主要流行于北宋时期，通常被称为"黑定"、"墨定"。明代曹昭《格古要论》中所称"有墨定色黑如漆"者，即指北宋定窑生产的高档黑釉瓷器。从定窑遗址出土的黑釉瓷片标本看，确如曹氏所言，釉面色黑如漆，光可鉴人。胎质与同期白瓷一样，洁白细腻的胎体与漆黑的釉面形成极大的反差，更显得胎色白胜霜雪。北宋定窑黑釉瓷最大的特点是釉面乌黑光亮，胎体洁白坚致，同时期其他窑场生产的黑釉瓷尽管有的釉面也漆黑光亮，但胎体皆远不如定窑洁白细腻。定窑黑釉瓷的造型以碗盘类

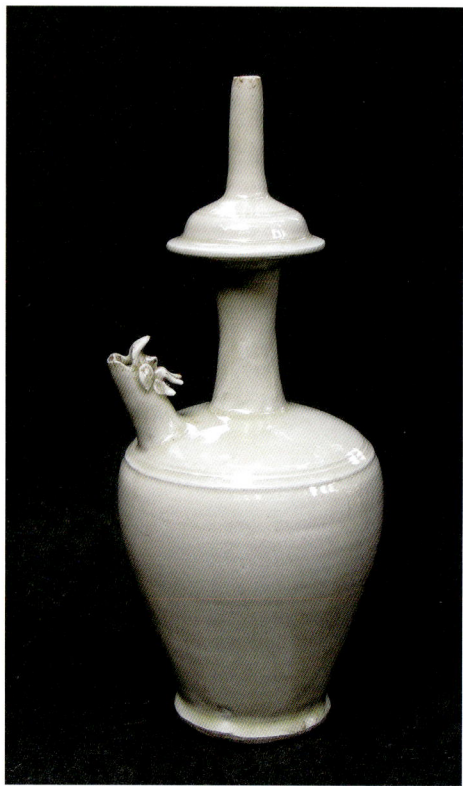

图12.白釉龙首净瓶（北宋早期）

图13.白釉印花花鸟纹盘（北宋后期至金代）

圆器为主，其中又以斗笠形碗质量最精，数量最多。定窑黑釉斗笠形碗采用传统的正烧法，圈足无釉，露出洁白的胎体。釉面漆黑光亮，口部边缘因挂釉较薄呈浅黄褐色，从造型、胎质以及烧造工艺上看，其时代应在北宋早、中期，即覆烧法出现以前。黑釉产品在烧造时常常会出现"窑变"现象，釉面产生一些黄褐色或银白色斑点，定窑遗址出土的黑瓷标本中许多都有这种窑变现象。

北宋后期至金代，烧制黑釉瓷的技术在北方已经成熟，河北、河南、山西等地的白瓷窑场大多兼烧黑瓷，釉面有的乌黑光亮，有的呈黑褐色，但胎质都不如北宋定窑黑瓷洁白细腻。此时定窑白瓷与黑瓷的胎质也明显不如北宋早、中期，胎色普遍微微泛灰，瓷化程度也较差。黑釉瓷常见的器型有碗、盘、瓶、罐等，产品质量与北方其他窑场已经没有明显差别。由此可见，古籍中所称"墨定"、"黑定"，似应特指定窑北宋早、中期生产的高档白胎黑釉瓷。（图14）

（五） 酱釉瓷

定窑酱釉瓷与黑釉瓷一样，也主要流行于北宋时期。从定窑遗址发掘出土的标本看，酱釉瓷的色调差异很大，其主流色调呈较浅的酱黄色，此外还有酱红、深紫、黑褐等多种色调，并经常出现变化无常的窑变现象。这种千差万别的色调以及窑变，说明北宋定窑烧造酱釉瓷器的工艺尚

图14-1.黑釉斗笠碗（北宋）

图14-2.黑釉窑变斗笠碗残片（北宋）

图15-1.酱釉瓶（北宋）

图15-2.酱釉窑变碗残片（北宋）

图16.酱釉印花碗残片（金代）

不成熟。明代曹昭《格古要论》载："有紫定色紫，有墨定色黑如漆，土俱白，其价高于白定。"文中提到的所谓"紫定"，实际上应当是北宋定窑酱釉瓷中色调偏紫的一种。由此推断，宋代邵伯温《闻见录》中提到的"定州红瓷器"[1]，亦应是定窑酱釉瓷色调偏红的一种。

定窑遗址出土的酱釉瓷胎质洁白坚致，采用正烧法烧制，圈足底部无釉，造型除了碗、盘外，还见有瓶、盒、罐等。酱釉瓷的釉料配方与黑瓷的相似，工艺原理也基本一样，只是烧成温度高于黑瓷。从定窑遗址出土酱釉瓷片的断面能够看到一个很有趣的现象，表面的酱色只占整个釉层厚度中很薄的一小层，下面的釉层仍为黑色。定窑酱釉瓷的窑变丰富多彩，其中尤以"油滴"最为精彩，在酱紫色釉面上布满了圆圆的结晶斑点，其艺术效果完全可以同著名的建窑黑釉油滴相媲美。

金代定窑仍然烧造少量酱釉瓷，装饰技法和烧造工艺与同时期的白瓷一样，采用印花和覆烧法。由于优质瓷土的枯竭，胎体多呈灰白色。釉层稀薄，釉面光润程度也较差。1975年吉林省哲里木盟一处窖藏出土的瓷器中，有三件定窑酱釉印花碗，碗心由六条模印的竖线分隔为六格，每格装饰一组折枝花卉，釉面呈深褐色，凸起的花纹部分因釉层薄而呈酱黄色。定窑涧磁村遗址考古发掘中也出土过这类酱釉印花瓷片，胎色偏灰，釉面光泽欠佳，采用覆烧法，口沿无釉。金代酱釉瓷尽管增加了印花装饰，但整体质量远不如早期。因此，古籍中提到的"紫定"似应特指定窑北宋早、中期生产的白胎高档酱釉瓷。（图15、16）

[1] 关于定州红瓷宋代邵伯温在《闻见录》中有如下记载："仁宗一日幸张贵妃阁，见定州红瓷器，帝坚问曰，安得此物，妃以王拱宸所献为对。帝怒曰，尝戒汝勿通臣僚馈送，不听何也，因以所持柱斧碎之，妃愧谢久之乃已。"文献中提到了"定州红瓷器"，后人据此理解为"红瓷"，但由于记载过于简略，无法断定所指的究竟是哪一种瓷器。

定窑白胎施绿釉的器物迄今为止在窑址考古发掘中一直没有发现，目前的相关资料只有50年代北京故宫博物院调查定窑遗址时采集到两片标本，"1957年涧磁村发现了两件碎片，一片较小无纹饰，一片为盘，盘里心刻云龙纹，龙身鳞纹刻法与白定同类装饰如出一辙。……两件碎片胎洁白，与白定白胎相同[2]。"

（六） 低温铅釉

除了高温石灰釉瓷器外，定窑唐宋时期还生产少量的铅釉产品。

1．唐三彩

1997年曲阳县涧磁村一座晚唐墓葬中出土了20余件瓷器，除白瓷外还有2件唐三彩，1件三彩席纹凤首壶（图版14），1件三彩席纹塔形罐。2件三彩器的釉彩与陕西、河南生产的唐三彩均有差异，此外施釉前胎体上都先装饰了席纹，加之该墓的位置就在涧磁村定窑遗址保护区范围内，极有可能是定窑烧造。2009年9月，河北省文物研究所与北京大学考古文博学院组成联合考古队对定窑遗址进行考古发掘时，在五代宋初的地层中出土了少量三彩器物。这些三彩标本虽然时代略晚，但证实了定窑确实烧造过低温铅釉产品。

2．黄釉、绿釉

1969年定州市北宋静志寺塔基地宫出土的115件瓷器中，有几件精美的黄釉、绿釉陶器（图版44、45、46）。这几件铅釉陶器无论造型还是装饰都达到相当高的水平，应当出自技术成熟的大型窑场。2009年定窑遗址再次进行考古发掘时，"在五代宋初的地层中出土了一些低温铅釉的三彩器物，大体可以使我们判定，70年代定县塔基中出土的几件三彩器物应该是定窑的产品[3]。"

金代定窑也烧造少量绿釉铅釉产品，基本上都是剔花、划花作品。

图17-1.绿釉剔花鸭莲纹枕（金代）

[2] 冯先铭：《定窑》，《中国陶瓷·定窑》，上海人民美术出版社，1983年。
[3] 韩立森、秦大树、黄信、刘未：《定窑遗址考古发掘取得重要成果》，《中国文物报》，2010年1月22日。

图17-2.绿釉剔花鸭莲纹枕（金代）

图18.绿釉刻花梅瓶口颈部残片（金代）

定州博物馆收藏有一件绿釉剔花枕，胎体颜色较深，表面先施一层白色化妆土，然后在枕面采用剔、划结合的技法装饰鸭莲图。另一件绿釉玉壶春瓶已经残破，胎体呈深灰色，施白色化妆土，然后划刻花卉纹。这两件绿釉器均为低温铅釉，虽然胎体烧造温度比一般铅釉陶高，但明显比白瓷要低。定窑遗址也出土过类似的绿釉标本，胎体深灰，施化妆土后划刻花纹。（图17、18）

第三章

装烧工艺

（一）支钉叠烧

叠烧是一种将器皿叠置起来进行烧造的方法，采用叠烧可以有效利用窑内的空间，从而降低成本，提高产量。叠烧因采用的间隔窑具不同可分为支钉叠烧、垫饼叠烧、托珠叠烧、砂堆叠烧以及不用窑具的涩圈叠烧等多种。叠烧的优点是成本低廉，能够有效增加产量，缺点是各种间隔窑具都会使盘碗内心和底部留下明显的疤痕。定窑初创时期主要采用支钉叠烧方法来烧制盘碗类圆器，支钉用耐火黏土制作，分为三叶形和三叉形两种。装窑时把支顶齿尖向下放在坯件上，然后在支钉上再摆放一件瓷器，依此类推可以叠放多件瓷器。由于支钉要承受坯件的重量，因此在焙烧时齿尖往往会陷入坯件内，成品出窑后支钉处留有三个明显的支钉痕。（图19、20）

图19-1.三叶形支钉

图19-2.三叉形支钉（唐代）

图20.采用支钉叠烧粘连在一起的碗（唐代）

图21.碗形匣钵（晚唐至北宋）

图22.采用匣钵正烧粘连在一起的碗（晚唐至五代）

（二）正烧

正烧又称"仰烧"，是一种利用匣钵盛装坯件的烧造方法。入窑前先将施好釉的器皿口部向上放在特制的匣钵内，利用匣钵隔绝火焰与器皿的直接接触。使用匣钵烧制瓷器能够有效避免烟火以及落灰等杂质污染瓷器，保证了釉面洁净，并可使坯件受热均匀，大大提高了产品质量。定窑至少从唐代中期就尝试使用匣钵来烧制瓷器，早期匣钵制作粗糙，各类匣钵的造型、厚度没有统一的规格标准，显然还处于探索、改良的初级阶段。到了晚唐，定窑正烧工艺已经完全成熟，匣钵的造型、规格也基本定型，常见的有筒形和漏斗形两种。筒形匣钵一般用于烧造瓶、壶、罐等琢器，漏斗形匣钵用于烧造盘、碗类圆

器。定窑晚唐时期生产的"官"、"新官"款瓷器以及定州北宋早期静志寺、净众院塔基地宫出土的精美白瓷，都是采用正烧法烧制的。（图21、22）

（三）覆烧

覆烧是定窑北宋后期至金代采用的一种装烧新工艺，所谓"覆烧"是相对于正烧而言，烧造时器皿口部向下。我国南朝时期曾出现过用齿形支钉顶住碗心进行覆烧的方法，但通常讲的覆烧是指宋代定窑创造的芒口"覆烧"法。定窑覆烧法出现的时间一般认为是在北宋后期，装窑时采用支圈来盛置、间隔坯件，支圈的形式有环行、碗形等几种，其

中以环形组合支圈使用最为普遍。环形支圈适用于烧制规格相同的产品，支圈内侧有台阶，断面呈"L"形，装窑时将盘碗类圆器口部朝下扣放在支圈内的台阶上，然后在支圈上叠置第二个支圈，再扣置第二个盘碗，以此类推可以向上叠加多层。碗形支圈的形状上侈下收，口薄底厚，适用于烧制尺寸不同的产品，其坯件由小至大，从底部向上顺序扣置。采用覆烧法烧制瓷器，器物的口部直接与支圈接触，为了防止发生粘连，装窑前需要先将口部的釉层刮去一圈，因此覆烧的瓷器圈足满釉而口沿无釉。覆烧法能够大大增加单位面积内的产量，此外由于覆烧时口部与支圈接触，受力均匀，从而减少了变形率，胎壁也可

以做得更薄。这种先进的烧造方法很快就被包括景德镇在内的诸多窑场采用。（图23）

（四）涩圈叠烧

涩圈叠烧是一种简单、高效的叠烧工艺，主要用于烧造盘、碗类圆器。所谓"涩圈"是指盘碗类圆器内底刮去一圈釉后露出的环状圆圈。涩圈叠烧法是金代北方窑场普遍使用的一种装烧方式，它不需任何辅助窑具，在施釉后的盘、碗内心刮出一个比器物圈足略大的露胎涩圈，装窑时将器物圈足直接叠放在涩圈上即可。涩圈叠烧法能够大大节省窑内空间，同时省去了制作匣钵、支圈等窑具的工时和材料，是一种低成本的烧造方法。金代后期，定窑生产的一般日用瓷器也使用这种装烧方法。（图24）

图23-1.环形支圈（北宋后期至金代）

图23-2.采用环形组合支圈覆烧粘连在一起的碗（北宋后期至金代）

图24-1.涩圈叠烧白釉碗标本（元代）

图24-2.采用涩圈叠烧粘连在一起的碗（元代）

第四章

鉴赏基础知识

（一） 胎釉特征

定窑初创时期主要生产粗胎黄釉、褐釉瓷器以及少量白釉瓷器。从窑址采集、发掘的标本看，胎质粗松厚重，含有大量杂质。釉质晦涩，釉层厚薄不匀，呈色也不稳定。黄釉瓷多为青黄或土黄色，褐釉瓷有黑褐、褐绿等色，白釉瓷一般呈白中泛灰色。由于胎质粗糙、胎色较深，施釉前须先施一层白色化妆土。产品主要以碗类为主，胎体厚笨，造型不规整，带有明显的原始性。

唐代定窑粗胎瓷器所用原料就产自窑区附近。胎料是一种当地称为"矸子土"的黏土，黏土中所含杂质较多。釉料当地叫作"白土"，这两种原料在涧磁村附近蕴藏颇丰。在涧磁村北侧的保阜公路[1]两旁以及涧磁村周围，以前有许多烧制水缸和下水管道的小窑，下水管道成品的釉色很不稳定，有黑褐、褐绿、青绿、青黄等

等，其中有些与唐代粗胎黄釉、褐釉瓷的颜色十分接近，粗糙坚硬的胎质也十分相像。

随着时间的推移，定窑的烧瓷技术日渐进步，到了唐代中期，产量和质量都有大幅度提高。此时制坯所用的原料显然与早期不同，经过淘洗处理的胎体杂质大大减少，胎体致密度与硬度明显优于早期。但由于原料中含铁量较高，胎色仍然较深，施釉前大多数仍须加施化妆土。此时黄釉瓷仍在生产，但数量明显减少，与早期相比，胎质变细，造型规整，施釉均匀，釉面也比早期光洁莹润。白瓷作为当时的主要产品，质量还很不稳定，胎质粗精不一，釉色从灰白、白中泛青、乳白到接近纯白均有。可以看出定窑当时还未能熟练掌握白釉瓷的烧制技术，正处在不断改进工艺的阶段。

晚唐五代时期，定窑烧制白瓷的工艺技术已经完全成熟，生产的白釉

---

[1] 保阜公路是由保定市通往阜平县的一条三级公路。在曲阳县境内主要经过套里、铁岭北、庞家洼、杏子沟和野北，在野北与定阜公路(定州至阜平)衔接。

瓷胎体洁白，坚致细腻，瓷化程度很高。可以说定窑700余年烧瓷历史中，胎体质量最好的当属这一时期。此时定窑所用瓷土的品质极佳，泥料经过严格的淘洗处理和充分的陈腐捏炼，单就瓷胎而言，质量已经远在大名鼎鼎的邢窑之上。对比邢窑遗址和定窑遗址出土的唐代白瓷标本，不难看出邢窑白瓷大多数处于微生烧状态，瓷化程度差，胎体断面经常能看到气孔和夹层，吸水率多在2%—5%左右，只有少数在1.2%以下[2]。而定窑白瓷胎体洁白坚致，烧结充分，瓷化程度很高，气孔和夹层也相对较少。

晚唐五代定窑瓷器的另一个特点是薄而坚致，透影性良好。从窑址出土的标本看，此时生产的白瓷可以分为"厚胎"和"薄胎"两类，瓶、罐、执壶等琢器多为厚胎，盘碗类圆器则厚薄皆有，其中以模仿金银器造型的花口碗最具代表性。1960年定县考棚院内窖藏出土的8件白釉花口碗和1985年定窑遗址出土的白釉花口碗残片，胎体非常轻薄，有些器物口沿处的厚度仅有1毫米左右。此外，灵寿县唐景福二年墓出土的两件白釉"官"字款钵，胎体坚致细腻，薄如卵幕，具有很好的透影性，是目前有确切年代可考的最早的定窑透影白瓷。

晚唐五代定窑白瓷系在还原焰中烧成，因此釉色大多白中泛青，光亮莹润，胎釉结合紧密，但施釉工艺仍欠精细，釉面常出现厚薄不匀的现象。

北宋定窑的胎质仍保持了晚唐五代洁白坚致的特点，但瓷化程度略逊，从瓷片标本断面看不如晚唐五代时期坚致细腻。由于北宋早期流行深刀刻花，因此胎体相对较厚，北宋后期覆烧法出现之后，胎体逐渐变薄。白釉的色泽早期仍微微泛青，但釉色洁白或白中微微泛黄者也十分普遍，后期则以白中微泛黄色为主。

进入金代之后，定窑的刻花、印花工艺已经非常成熟，但随着优质瓷土资源的枯竭，胎釉质量明显下降。到了金代后期，除了部分精品仍保持洁白的胎体外，大多数产品胎色微微泛灰，微生烧现象十分普遍，瓷化程度也相对较低。此时的白釉仍以白中泛黄为主，也有少数色调泛灰，釉面光泽较差。

（二） 造型艺术

定窑烧瓷始于唐代初期，此时正值北方制瓷业全面普及和发展的阶段，河北、河南、安徽、山西、山东等省都建立了自己的窑场。刚刚起步的北方窑业这时尚未形成各自的独特风格，生产的瓷器在造型、胎釉等方面都具有很强的共性，初创时期的定窑也不例外。常见的几个品种如浅腹平底碗、钵、双系罐、圆唇罐、执壶等，都与北方其他窑场的产品大同小异，具有典型的唐代风格。

1.晚唐五代时期

晚唐五代时期，定窑已经掌握了烧制精白瓷的工艺技术，产品在质量、数量方面与前期相比都有了突破性的发展，从而形成了定窑烧瓷历史中的第一个高峰。据《曲阳县志》记载，五代时期定窑所在的龙泉镇已经有专门负责征收瓷器税银的"瓷窑商税务使"[3]。从目前的出土资料来看，晚唐、五代定窑产品的覆盖面非常广，不仅国内南、北方均有出土，还作为外贸商品远销国外。

胎体质量的提高，使定窑能够自如地塑造各种复杂的造型，出现了大量融观赏、实用于一体的精美器皿。此时定窑瓷器从造型上大致可以分成两类：一类与邢窑器形相类似，制品主要有盘、碗、钵、罐、执壶等传统器型以及茶盏、盏托、风炉、茶镀、茶碾、茶臼等当时流行的茶具；另一类模仿金银器皿，常见器型有海棠式杯、带把杯、凤首壶等，另外，造型中大量采用瓜棱腹、花式口、卷边等金银器皿中惯用的工艺技法。

（1）类似邢窑白瓷的造型

碗 有浅腹、深腹两类，多为侈口或直口，亦有少数敛口。此时碗类的特点是口部变化非常丰富，有侈口、敛口、宽唇口、窄唇口、花口

---

[2] 河北省邢窑研究小组：《邢窑工艺技术研究》，《河北陶瓷》，1987年第2期。

[3] 在《曲阳县志》（卷十一）"金石录"中，著录有五代后周显德四年(957年)所立《大周王子山禅院长老(敬晖)舍利塔之记》碑文，在所列立碑职官名单中，有"□□使押衙银青光禄大夫检校太子宾客兼殿中侍御史充龙泉镇使铃辖瓷窑商税务使冯翱"。可见五代时期定窑瓷器的生产规模已经相当可观，所以才由龙泉镇使冯翱兼任瓷窑商税务使，负责征收定窑瓷器的税银。

等。唇口的宽窄及做法各不相同，有的旋坯时直接旋削出较窄的唇口，有的是将口沿翻折过来，卷成宽厚的唇口。器足有玉璧底、玉环形底以及宽窄不等的圈足。

钵 钵的造型仍保留早期那种敛口、鼓腹、平底的传统风格，有厚胎和薄胎两类：河北省曲阳县五代王处直墓[4]出土的白釉"新官"款钵，上部较薄，近底部较厚，属于厚胎类（图25）；河北省灵寿县晚唐墓[5]出土的两件"官"字款白釉钵（图版7）以及

曲阳县北镇村出土的白釉钵，造型秀巧，胎体薄而坚致，具有很好的透影性，属于薄胎类。

按照以往的传统观点，往往将早期定瓷中胎体较厚、造型古朴的定为晚唐，胎体轻薄、造型秀巧的则定为五代[6]。但根据墓葬、窑址出土的资料看，晚唐五代时期定窑白瓷粗精皆有，因此绝不能简单地以质量粗精或胎体薄厚来划分年代。

盘 此时盘类的造型丰富多彩，颇有新意，其中最有特色的当数形式

多样的花口盘。定窑花口盘常见的有三曲、四曲、五曲、六曲等多种，曲口的形式又可分为单脊式和双脊式。单脊式的曲口一般呈莲瓣形，瓣尖凸起，瓣口之间的起伏较大；双脊式的曲口每瓣有两个并列的弧形瓣脊，瓣口之间的过渡比较圆滑，起伏相对较小。（图26）

执壶 执壶是唐代广为流行的一种酒具，南北方各大窑场均有生产。唐代早、中期北方窑场烧制的执壶造型雄浑饱满，胎体厚重，一般多为双

图25.白釉"新官"款钵（五代王处直墓出土）

图26.白釉单脊式花口盘（晚唐至五代）

[4] 王处直墓位于曲阳县西燕川村，墓葬本身就在定窑西燕川窑区范围之内，东距定窑主窑场涧磁村不足10公里。该墓葬曾两次被盗，1995年省文物研究所对其进行了抢救性发掘，发掘报告见文物出版社1989年出版的《五代王处直墓》。

[5] 灵寿县景福二年墓位于灵寿县董家庄。此墓早年遭破坏，县文保所从农民手中收集回部分文物。其中有两件胎体坚薄的白釉"官"字款钵和一块带墨书题记的长方形砖，砖上有墨书干支年款"□福二年岁次癸丑十月乙未朔"。查对历代年表，唐代景福二年(893年)正好是癸丑年，故此墓的时代应为唐代景福二年。

[6] 1974年曲阳北镇出土的一件白釉钵，胎釉、造型与灵寿县景福二年墓出土的两件"官"字款白釉钵完全一样，在1983年出版的《中国陶瓷·定窑》中被定为五代。另一件曲阳县出土的"新官"款花口盘，造型、尺寸均与浙江临安县钱宽墓出土的白釉花口盘一致，亦被定为五代。由此不难看出传统观点将这类胎体轻薄、造型秀巧的定瓷都定为五代，而这种观点显然是受1960年定窑遗址发掘报告分期的影响。

泥条曲柄，短流，平底实足。晚唐定窑生产的白釉执壶在早期凝重饱满的基础上向轻盈雅致发展，丰肩收腹，胎壁变薄，底足也由平底变为较宽的圈足。壶柄在传统的双泥条之间往往增加一条较细的泥条，细泥条顶端盘成卷曲状，靠近卷曲处用一细窄的扁泥条圈裹成结状，因此被称为"结带双泥条柄"（图版3）。

我国的茶文化源远流长，至唐代已经形成了一整套品茶的规程。唐代陆羽所著的《茶经》，"详述了茶的起源、功用等自然功用，又从思想、文化方面记述了茶的历史发展过程"[7]。此外，还详细记录了当时品茶所使用的24种器具。

玉璧底碗 玉璧底碗是唐代广为流行的一种茶具，又称"茶盏"。与饭碗相比，茶盏器身小巧，器壁斜直，口沿常常作成宽窄不等的唇口。定窑玉璧底碗唇口的宽窄不一，成型方法也不同，有的是在坯体拉制成型后，趁着胎体未干将器口向外翻折，卷成唇口，采用这种方法成型的唇口多为空心，从残片的断面能够看得很清楚。有的则是在旋坯时直接在口沿处将唇口旋出，这种唇口皆为实心。唐代茶盏以越窑和邢窑为上，其中邢窑生产的玉璧底碗胎体厚薄适中，造型稳重大方，旋坯工艺极其精细，所有细节的处理包括器足的倒角都一丝不苟，产品口、腹、足的加工均有固定的程式，从

而保证了产品造型的规范统一。定窑生产的玉璧底碗完全模仿邢窑造型，只是旋坯工艺和施釉技术上不如邢窑讲究，碗的外壁往往不够平整，经常能看到明显的旋削痕迹，口、足等细部的处理也比较草率。与邢窑相比，定窑的施釉工艺也欠纯熟，釉面往往出现厚薄不均和垂流现象。

茶碾、茶臼、风炉、茶镀、盏托 唐代流行饮茶，茶的烹煎、品饮有一套固定的程序及用具，据文献记载，唐代饮茶所用的专门器皿有茶碾、茶臼、风炉、茶镀、茶盏、盏托等。茶碾和茶臼用于将茶饼碾磨成末状，风炉和茶镀用于煮茶，茶盏和盏托用来饮茶。1977年，河北省曲阳县涧磁村一座未被盗掘的晚唐墓葬中出土了30余件定窑白瓷，其中包括一套成组的茶具，全套茶具包括风炉、茶镀、茶臼、茶碾（图版11）、茶瓶、渣斗、带托盏等。中国历史博物馆也藏有一套成组白釉茶具，据说是50年代河北唐县出土[8]，当时定为五代邢窑白瓷。但是从器物的胎釉、造型以及出土地点来分析，这套茶具仍应是定窑产品。墓葬中

图27.白釉茶臼（晚唐）

出土的成套茶具除了茶盏外，其他尺寸都很小，应当是专门用于随葬的明器。（图27）

（2）模仿金银器造型

金银属于贵重的稀有金属，自古就被视为财富与权力的象征。据考古资料显示，我国战国时期上层贵族阶层的墓葬中，已经出现了豪华精美的金银器皿及工艺品。到了汉代，使用金银器皿能够延年益寿、长生不老的观念已在统治阶层中形成，此后，这种观念历经魏晋、南北朝一直流行到唐代。上层社会对金银器的偏好，极大地刺激了唐代金银器的发展，此

---

[7] 王莉英：《茶文化与陶瓷茶具》，《中国古陶瓷研究》第4辑，1997年9月。
[8] 孙机、刘家琳：《记一组邢窑茶具及同出的瓷人像》，《文物》，1990年4期。

图28.白釉海棠式杯（晚唐）

外，通过广泛的对外贸易交流，大量带有西域风格的金银器流入中国，在中西文化的相互交融之中，唐代金银器形成了既富丽豪华又充满异域风情的艺术风格，成为当时重要且最具影响力的手工艺品。

唐代金银器特别是由皇家作坊文思院制造的金银器[9]，无疑是当时最精美、最豪华的艺术珍品。但是，"作为贵金属的金银器，其产量和来源都有一定的限制，其自身的经济价值，更使社会上绝大多数人望而却步。唐代陶瓷业顺应了时代的潮流，开始模仿金银器。从早期简单模仿，到后来结合了陶瓷艺术自身的工艺和传统特色，调整了自身的工艺特点，从而也使陶瓷业向更新的方向发展，开创了陶瓷史上一个新的时代[10]。"

从唐代中期起，南北所有重要窑场如浙江的越窑、河北的邢窑、湖南的长沙窑等，都大量生产模仿金银器造型的瓷器。晚唐定窑模仿金银器造型的产品非常精美，有的完全按照原型仿制，有的则在仿制中结合瓷器自身的工艺特点，创造性地进行发挥和改进。

海棠式杯　唐代输入中国的金银器中，以萨珊、粟特文化风格的器皿数量最多，影响也最大。萨珊银器中有一种造型精美的银杯，深腹，高足，杯体为八曲型，因其形状酷似盛开的海棠花，故被称为"海棠式杯"。浙江省临安县水邱氏墓[11]出土的白釉"官"字款海棠式杯（图版9），造型完全模仿波斯萨珊银器中的长杯，这件海棠式杯不仅造型模仿萨珊银器，成型工艺也借鉴了金银器加工中常用

的"模冲"成型法，将捏炼好的泥坯覆盖在事先刻好的内模上压印成型，然后再修坯、接足。这种成型法方便快捷，成品形状规范统一，在当时是一种先进的成型工艺。

晚唐时期定窑还生产一种形体小巧的海棠杯，这种海棠杯器壁浅斜，杯体由八曲简化为四曲，器足也相对变低。造型上的这些变化使海棠杯更加符合中国传统审美情趣，工艺上也更加适应陶瓷制品的特性。为了增强装饰效果，这类海棠杯的里心大多装饰有简单的花纹，其中以模印鱼纹最为常见。这种类型的定窑白釉海棠杯出土和传世的数量相对较多，河北省定州博物馆、上海博物馆、台北故宫博物院都有收藏，此外远在非洲的埃及福斯塔特遗址也有出土。（图28）

[9]　唐代金银器的制造部门分为"行作"、"官作"两类，而以后者为主。"行作"即为民间金银行工匠制作，质量较官营手工业差。"官作"即指少府监中尚署所管辖的金银作坊院。中、晚唐时又设文思院，掌造宫廷所需的金银犀玉工巧之物、金采绘素装钿之饰。1988年陕西扶风法门寺地宫出土的大量金银器皿中，就有不少带有"文思院"铭文。法门寺是唐代著名的佛教寺院，与唐朝皇室关系密切，这些金银器应该是由文思院专门为宫廷所造，后来又由皇室转施于法门寺后入藏地宫。

[10]　张东：《唐代金银器对陶瓷造型影响问题的再思考》，《上海博物馆集刊》第8期，上海书画出版社，2000年12月。

[11]　明堂山考古队：《临安县唐水丘氏墓发掘报告》，《浙江省文物考古所学刊》，1981年。

图29.凤首壶对比图

带把杯　带把银杯是粟特文化中的典型作品，杯体多为八棱形或圆形，撇口，束腰，下腹与底相交处处理成硬折棱，上腹安有带指垫的环形把手。杯体线条曲直相间、精巧大方，充满了异域风情。瓷器中模仿粟特带把杯的作品十分丰富，河南的三彩、绞胎，河北邢窑的三彩、白瓷以及定窑白瓷中都有非常精彩的作品。由于受成型工艺的影响，瓷器中的带把杯大多数为圆形，环形指垫也常常减化或省略。浙江临安县水邱氏墓出土的白釉带托把杯（图版8），撇口，深腹，圈足，单就杯体造型来看是一个非常典型的唐代深腹碗。上腹部的环形把手显然是模仿粟特银把杯，但把手被巧妙地雕塑成龙形，指垫则做成如意形。如此巧妙地将中外文化融合在一起，充分显示了陶瓷艺人的聪明才智以及中国陶瓷模仿、吸收外来文化并逐渐将其民族化的过程。

凤首壶　瓷器中凤首壶的原型是萨珊、粟特银器中一种造型奇特的鸭嘴形银壶，由于壶的口部、盖子合起来呈凤首状，故称"凤首壶"。曲阳县涧磁村出土的白釉凤首壶（图版5），壶口捏塑成前窄后宽的鸭嘴形，上面配有凤首形壶盖。壶颈细长，瓜形腹，壶柄采用定窑执壶上常用的结带双泥条柄，下承喇叭形高足。这件凤首壶造型优美，胎釉洁白，在保持了萨珊银壶总体风格的基础上，又融入了中国传统文化的内涵，堪称中外文化完美结合的典范，是晚唐定窑白瓷中罕见的精品。（图29）

四足罐　晚唐越窑、定窑瓷器中有一种造型奇特的小罐，四条长足紧贴器腹。这种器型与浙江临安水邱氏墓出土的錾花四足银罐非常相似，应当是模仿金银器而产生的新器型。越窑青釉四足罐的罐身呈钵状，敛口，扁圆腹，四条长足贴裹在鼓鼓的器腹上，造型圆润可爱，与金银器中的原型十分接近。定窑白釉四足罐的造型相对变化较大，罐身有圆形、椭圆形和长方形多种，一般为直口，腹部平直或略有弧度。肩、腹转折生硬，造型看上去显得柔中有刚。四只足（或三只足）的着地处做成兽爪状，贴在罐身的部分处理成扁片形，上面压印简单的花纹。（图30）

金银具有极好的延展性，可以加工制作成很薄的器皿。这样不仅能大大节省珍贵的原材料，轻薄的器皿使用起来也更加方便。但是，器物变薄后抗变形能力也随之降低，于是金银器皿在设计造型时，常常采用卷边、瓜棱等手法来加强抗变形能力。

"卷边"是金银器中特有的一种装饰手法，对较大的薄片形器皿如器盖、高大翻卷的器足进行卷边处理，不仅能够美化造型，同时也克服了薄片器皿刚性差、易变形的缺点。瓷器中采用卷边装饰最突出的是越窑和定窑，最常见的器形是荷叶形盏托。瓷器的坯胎具有良好的可塑性，因此卷边工艺对于瓷器来说远比金银器简单省力，只需在拉坯成型后顺手将器边轻轻卷起即可。上海博物馆收藏的定窑白釉"官"字款荷叶形洗（图版

10），造型简洁洗练，手工推卷的叶边生动自然，其造型与陕西扶风法门寺出土银莲花上的荷叶几乎完全一样，可以称得上是瓷器借鉴金银器卷边装饰的代表作品。此外越窑、定窑瓷器中有一种向外翻卷的圈足，也应是模仿金银器的卷边工艺。

许多薄胎金银器常常将器物腹部做成瓜棱形，使较大的面积分隔成相对独立的小块，这样不仅丰富了造型的变化，还能有效增强器物的韧性。另外，在盘碗腹部瓜棱与口沿相交处，多采用V形小缺口进行过渡，这种巧妙的设计不但保证了器物口、腹

图30.四足罐对比图

图31.白釉瓷俑（晚唐至五代）

风格的一致性，还能掩饰口部微小的变形。瓷器是以瓷土为原料，经高温烧造后硬度极高，在使用中绝不会变形。因此瓷器中出现的"瓜棱"纯属模仿金银器皿造型特点的装饰手段。

晚唐五代时期，定窑生产的壶、罐类琢器都是采用手工压棱方法，在坯胎未干时用条状工具由外壁向里轻轻按压。由于器物的表面呈弧形，手工压印时力度、角度又不可能完全一致，因此压出的凹棱深浅、宽窄很难保证一致。例如浙江省临安县水邱氏墓出土的瓜棱腹执壶（图版4）、河北省正定县出土的瓜棱腹三足水盂等，都是采用手工压棱，这种方法工艺、工具都比较简单，但对工匠的技术水平以及熟练程度要求较高。

定窑盘碗类圆器上的瓜棱大多是采用模印成型法进行加工。瓷器模印成型工艺实际上是借鉴金银器中"模冲"成型法的原理。金银器锤揲工艺有两种基本方法，一种是自由锤揲法，另一种是"模冲"锤揲法，模冲锤揲法需要事先按设计要求刻制底模，加工时将底模衬在金银板片下反复锤揲，底模上的花纹就翻印到器物上。晚唐定窑的模印成型工艺已经相当成熟，海棠式杯、四方委角盘以及各种带有凸棱线的盘碗都是采用模印工艺成型。

除了各种实用器皿外，定窑还烧制各种小巧的瓷俑。晚唐五代墓葬以及定窑遗址出土的瓷俑以人物、动物形象为主，人物俑有男性、女性、胡人、儿童，形态有立式、坐式、骑马等。动物俑有鸡、狗、羊、马、兔等。此外还有一些按照实用器皿缩小的袖珍瓷器，如凤首壶、执壶、渣斗等。这些瓷塑品大多是用手捏制而成，手法简洁，形象生动，虽然高不盈寸，但比例准确，秀巧可爱，具有很强的艺术感染力。（图31）

公元960年，赵匡胤废周建宋，结束了五代十国分裂割据的局面。宋朝建国之初，大力推行息民政策，国内经济迅速恢复，陶瓷手工业也得到了空前的发展，大江南北名窑迭起，定窑、耀州窑、景德镇窑、龙泉窑等大型窑场都是在这一时期进入成熟阶段。定窑经过晚唐五代的发展，成型工艺已臻纯熟，尽管许多器物的造型仍带有模仿金银器皿的痕迹，但已非原先那种单纯的模仿，而是将金银器造型中的精华有机地融入陶瓷艺术之中，创造出具有自身特色的新产品。五代后期至北宋初，南方吴越钱氏向中原王朝称臣进贡，在各种贡品之中，浙江越窑生产的青瓷占有很大比例。宋初北方定窑、耀州窑瓷器的造型与装饰，都与越窑的风格技法非常相似，可见精美的越窑青瓷大量入贡中原，对北方瓷窑产生了一定的影响。

在北宋早期纪年墓葬、塔基出土的定窑瓷器中，以河北省定州市静志寺塔基（977年）和净众院塔基（995

图32.白釉净瓶（北宋早期）

图33.白釉刻花莲瓣纹盖罐（北宋早期）

年）地宫出土的定瓷数量最多，品种也最为丰富[12]。两处塔基共出土瓷器160余件，其中绝大多数是北宋早期定窑生产的白釉瓷器。除了盘碗等常见器物外，还有大量净瓶、瓶、罐、熏炉、盒以及海水纹海螺、龟形水注、四人肩舆等罕见的艺术珍品。

净瓶 净瓶是佛教僧侣外出游方时随身携带的"十八物"之一[13]，梵语音为"捃雅迦"、"君迟"，"军持"，源于佛教的发源地印度，后随佛教传入中国。唐、宋时期的净瓶有银、铜、瓷等不同质料，是佛教徒用于贮水或净手用的器皿。定州塔基出土的定窑白瓷净瓶多达20余件，这些净瓶肩部以上的形状基本相同，均为小口，细长颈，颈中部凸起一圈板

沿，如同倒置的漏斗。但腹部造型差异较大，有的瘦长，有的圆鼓。流的形状主要有两种类型，一类塑成龙首形，另一类为圆形，有的圆形流还配有带系的小盖。图版15是定州市净众院塔基出土的一件高达60厘米的白釉刻莲瓣纹龙首大净瓶，肩、腹以及口部雕多层莲瓣纹，肩、腹之间以缠枝菊花相隔，颈部做成竹节状，是地宫出土诸多净瓶中尺寸最大、装饰最精美的一件。同出的其他净瓶尺寸一般在10至30厘米左右，有的在肩、腹雕刻精美的莲瓣纹，有的仅装饰几道简单的弦纹，有的则通体光素无纹。（图32）

长颈瓶 图版17是定州市净众院塔基出土的刻花长颈瓶，撇口，长颈，

矮腹。瓶的肩、腹之间用一条凸起的弦纹分隔，肩部刻大朵缠枝菊花，腹部刻三层仰莲纹，这件长颈瓶还特别加装了银盖，圈足也包镶了金属棱扣，显得更加高贵华丽。定州两处塔基出土了多件这种类型的长颈瓶，造型大同小异，有的肩、腹雕刻花纹，一些尺寸较小的长颈瓶则仅在肩、颈处装饰凸起的弦纹。

罐 北宋早期定窑罐类的造型十分丰富，有深腹、矮腹、大口、小口等多种，其中以刻莲瓣纹盖罐数量最多。定州净众院塔基出土的刻莲瓣纹盖罐，肩部和腹部均采用浅浮雕手法雕刻莲瓣纹，立体感很强。盖罐的纽主要有两种样式，一种为宝珠形，另一种为瓜蒂形。这

[12] 定县博物馆：《河北定县发现两座宋代塔基》，《文物》，1972年8期。

[13] 据《菩萨戒经》记载，大乘比丘乞食游方时，随身携带18种用品：1．杨枝；2．澡豆；3．三衣；4．净水瓶；5．钵；6．坐具；7．锡杖；8．香炉；9．滤水囊；10．手巾；11．刀子；12．火燧；13．镊子；14．绳床；15．经卷；16．律（《梵网经》）；17．佛像；18．菩萨像（文殊、弥勒像）。以上18种物品统称"十八物"。

种刻莲瓣纹盖罐在北宋早期十分流行，北京市辽统和十三年(955年)韩佚夫妇墓[14]、北京市顺义县辽开泰二年(1013年)净光舍利塔基[15]、辽宁省朝阳市姑营子辽耿氏墓[16]、辽宁省北票市水泉一号辽墓[17]中均有出土。（图33）

盒 北宋定窑生产的盒子式样繁多，除了晚唐五代传统的圆形盒外，大多是宋代出现的新式样。定州市两处塔基共出土了40余件各式各样的盒子，其中尤以各种仿生造型最为引人注目。这些新颖别致的盒子有的做成石榴形（图版34），有的做成桃形，还有长短不等的竹节形，既美观又实用。这种融观赏与实用为一体的精美作品具有很高的艺术性，是定瓷中颇具特色的产品。

炉 定窑生产的各类瓷炉中，以造形秀巧的双耳炉最具特色。定州市静志寺塔基地宫出土的定瓷中有10余件精巧别致的双耳小炉，炉的造型均为双耳、直口、束颈、丰肩、收腹。腹部有的采用模印贴花，有的采用刻花进行装饰。采用模印贴花装饰的有两种图案，一种在上腹部对称堆贴10个模印兽面，另一种在肩部对称堆贴16尊模印佛像（图版30、31）。采用刻花装饰的在下腹环刻一周仰莲。这几件小炉胎体坚薄细腻，釉面光洁莹润，堪称北宋早期定瓷中的精品。（图34）

熏炉 图版32是定州市静志寺塔基地宫出土的白釉五足熏炉，筒形腹，平底，下承五足，足为兽面衔环形，足根粘于圆环形底座上。炉盖形状似一只倒置的曲腹盘，上部有三个镂空桃形气孔，盖沿外侈，顶部由两层仰莲托起宝瓶状钮。这件白釉熏炉的造型显然受唐、宋金银器的影响，但从整体结构来看，却更加接近于晚唐越窑的青釉五足熏炉。晚唐五代是越窑的鼎盛时期，此时越窑青瓷中的精品被称为"秘色瓷"，其中不乏摹仿金银器造型的精美作品。例如浙江水邱氏墓出土的一件越窑青釉褐彩五

图34.白釉刻花莲瓣纹炉(北宋早期)

[14] 北京市文物工作队：《辽韩佚墓发掘报告》，《考古学报》，1984年3期。

[15] 北京市文物工作队：《顺义县辽净光舍利塔基清理报告》，《文物》，1964年8期。

[16] 朝阳地区博物馆：《辽宁朝阳姑营子辽耿氏墓发掘报告》，《考古学集刊》，1983年3期。

[17] 辽宁省博物馆文物队：《辽宁北票一号辽墓发掘简报》，《文物》，1977年12期。

图35-1.定窑白釉五足熏炉（北宋早期）

图35-2.越窑青釉褐彩五足熏炉（晚唐）

图35-3.银錾花三足熏炉（北宋早期）

足熏炉，造型就与唐代金银器中流行的五足炉如出一辙。静志寺塔基地宫出土的文物中有一件银鎏金錾花三足熏炉，筒形腹，圆盖，宝珠顶上开有壶门形孔，三只铺首衔环兽足。炉盖上部錾刻云凤纹，下部刻有"太平兴国二年"铭文，显然是专门为静志寺定做的。对比之下，静志寺塔基出土

的白釉熏炉与同出的宋代银熏炉差距较大，和晚唐越窑的青釉熏炉却非常接近。由此不难看出越窑青瓷对定窑确实有较大的影响。（图35）

海螺　定州市静志寺塔基地宫出土的定瓷中有一件白瓷法螺（图版40），造型完全仿照天然海螺形态用手工捏塑而成。螺壳中空呈螺旋状，

两端有孔，锥形顶部细长，上有三道凸起的螺旋纹，螺口盘绕锥体底部，呈不规则喇叭状。螺体表面浅刻水波纹，外罩白釉，釉色白中泛青。法螺是佛教"八宝"之一，同时也是作法事时使用的一种乐器，通常选用大个天然海螺。此外，佛教称讲经说法为"吹螺"，含有法音警世之义。这件

图36.白釉"官"字款花口盘(北宋早期)

白瓷法螺，造型准确，形态逼真，能够吹出洪亮的声音，充分显示了宋代定窑工匠高超的制瓷技艺。

轿 图版39是一件手工捏制的白釉褐彩轿，轿身为正方形，前面有轿门，门帘半悬，上有彩带。轿顶塑成用绳子和毛毡结扎而成的六角攒尖式，六面各贴一朵模印团花。轿身两侧有轿杠，四角各有一名轿夫，短衣长裤，腰扎汗巾，一手叉腰，一手扶杠，形象简练生动。轿身及轿夫施白釉，轿顶施黑褐色釉，轿身四周及轿夫身上也装饰性的点有黑褐彩。这件白釉褐彩轿采用了捏塑、堆贴、镂空、压印、刻花以及点彩等多种装饰技法，是宋代定瓷中罕见的精品。

龟 图版41是一件小巧玲珑的白釉龟，龟体呈圆形，头部很小，脖子上扬，沿龟甲边缘贴塑四只圆饼形龟足，短尾上卷。龟背划刻六菱形龟甲纹。腹部中心划刻"十"字形图案，十字的每一边又对应划出弧线，空隙部位饰水波纹。龟背满釉，腹部无

釉。造型精巧，胎体轻薄。

以上3件罕见的定瓷精品以及数量众多的净瓶、香炉、熏炉等器皿，应当是静志寺、净众院重建舍利塔地宫时，定州的僧尼以及俗家弟子为两寺重新入葬舍利的功德而特意捐资烧造的。在许多瓷器的底部、盖内都有施舍者的墨书题记，记载了施主姓名、施舍钱财的数量以及时间。例如静志寺塔基地宫出土的一件白釉盘的底部墨书"僧崇裕施□子壹只雄黄四斛并施随年钱二十一足陌"。另一件白釉盒子的盖内墨书"太平兴国二年五月二十二日葬记……任氏施香一两僧大吉施一两供养舍利"。这些带有纪年铭文的器物，为确定瓷器的烧造年代提供了可靠的依据。

盘碗 定州两座塔基地宫出土的盘碗数量不多，基本上可以分为花口和刻莲瓣纹两类。静志寺塔基出土的白釉十瓣花口盘，盘腹采用手工压棱法，趁胎体未干时用条状工具压出较深的凹棱，口部呈现出较大的弧形起

伏。另一件白釉"官"字款花口盘也是采用条状工具压棱，但仅在靠近口部的地方压出很短的凹棱，口沿处起伏较小（图36）。图版26是静志寺塔基地宫出土的白釉对蝶纹花口盘，六曲花口，浅腹，平底。盘心用浅细的阴线刻划双蝶纹，线条稚拙。底部中心刻"官"字款，并有墨书"太平兴国二年五月廿二日施主男弟子吴成训钱叁拾足陌供养舍利"28字。静志寺塔基地宫出土的碗中有两件外壁雕刻莲瓣纹（图版22、23），莲瓣宽大肥厚，采用深刀雕刻。尽管碗的外壁要比瓶罐类薄，但所刻的莲瓣纹仍然保持着浅浮雕的效果，具有很强的立体感。这种深雕莲瓣的风格、技法，与苏州虎丘云岩寺塔出土的越窑刻莲瓣纹盏托完全一样[18]。

模仿金银器的造型与纹饰是唐宋各大窑场共同的特点，但各个窑场之间的相互学习、模仿也是非常普遍的现象。例如宋代的所谓"六大窑系"[19]，实际上就是诸多窑场对某

[18] 苏州云岩寺塔始建于后周显德六年（959年），建成于北宋建隆二年（961年），当时正值吴越国向中原王朝大量进贡越窑秘色瓷，这些精美的南方青瓷对北方瓷器产生了很大的影响。

[19] 陶瓷史学家通常用多种瓷窑体系的形成来概括宋代瓷业发展的面貌。瓷窑体系的区分，主要是根据各窑产品工艺、釉色、造型与装饰的同异，根据它们之间的同异有的学者提出可以分为六大窑系：北方地区的定窑系、耀州窑系、钧窑系、磁州窑系，南方地区的龙泉窑系、景德镇的青白瓷系（参见《中国陶瓷史》第6章），也有学者提出可以分为七大窑系（增加了建阳窑系，参见叶＊民《中国陶瓷史纲要》第10章）。

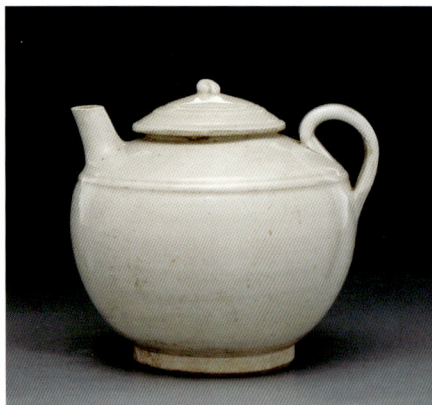

图37.白釉小壶（北宋早期）

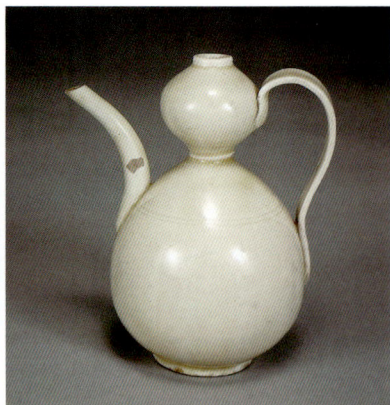

图38.白釉葫芦形执壶（北宋）

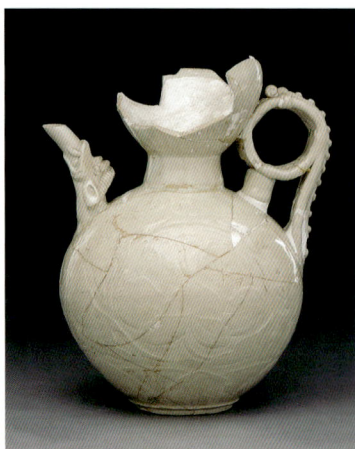

图39-1.白釉刻花葫芦形执壶（北宋）

图39-2.白釉刻花温碗（北宋）

一名窑产品进行模仿而形成的。晚唐五代定窑中具有金银器风格的瓷器，显然是直接模仿当时的金银器，而北宋早期则在很大程度上是模仿越窑瓷器中受金银器影响的器皿。这种兼容并蓄，善于从相同艺术门类和不同艺术门类中学习、模仿的优良传统，正是我国陶瓷长期以来能够不断推陈出新、繁荣发展的重要原因。

执壶 从五代后期开始，定窑壶类一改唐代以来那种浑厚古朴的传统造型模式，壶流逐渐变长，形体日趋秀巧。到了北宋时期，壶类的造型更是丰富多彩，并多配有温碗，常见的有葫芦形、瓜棱形以及造型复杂的仿生壶等。壶的流、柄也更具装饰性，有圆形或多角形短流、细长的弯流、龙首形流等。定州净众院塔基出土的白釉小壶，直口，短颈，矮腹，肩部安管状短流，另一侧安扁泥条曲柄，宽圈足。覆盘形盖，顶部有瓜蒂形钮。这种小壶的短流还保留着一点唐代风格，主要流行于五代至北宋早期，河北省正定县五代墓葬以及长沙近郊五代墓葬中也有同

类小壶出土。（图37）

葫芦形执壶是北宋早、中期十分流行的一种样式，河北定窑、陕西耀州窑以及江西景德镇青白瓷中都有这种造型。台北故宫博物院收藏的定窑白釉葫芦形执壶，壶身为葫芦形，腹部安细长的弯流，另一侧安扁泥条曲柄，圈足。壶的造型优美，线条圆润，比例协调。同类器物吉林省哲里木盟库伦旗辽大康六年（1080年）墓[20]和辽宁省新民巴图营子辽墓[21]都有出土。（图38）

[20] 吉林省博物馆、哲里木盟文化局：《吉林哲里木盟库伦旗一号辽墓发掘简报》，《文物》，1973年第8期。

[21] 冯永谦：《辽宁省建平、新民的三座辽墓》，《考古》，1960年第2期。

图版18是英国大英博物馆收藏的定窑白釉刻花缠枝牡丹纹葫芦形执壶，壶身上下两部分分别用深刀雕刻大朵缠枝牡丹。这种浅浮雕式缠枝花卉，主要流行于北宋早、中期，定州市出土的白釉带温碗葫芦形执壶采用的就是这种大朵缠枝牡丹。

宋代的执壶大多都配有温碗，温碗的尺寸略大于执壶，用来盛放热水温酒。定州市城区基建时出土了一件白釉刻花带温碗葫芦形执壶，壶身通体刻大朵的牡丹花，壶流塑成龙首形，环形柄采用三根窄泥条盘成，泥条之间互留缝隙，然后用两组圆形小泥饼将其粘接成一体，看上去颇有镂空的效果。温碗为六瓣花口，瓜棱腹，外壁满刻缠枝牡丹。这件执壶的造型以及装饰极为考究，在目前所见同类器物中装饰最为华丽，堪与富丽堂皇的金银器相媲美。（图39）

北宋定窑生产的执壶很多都安有龙首形流，这种壶流造型美观，装饰性强，主要流行于北宋早、中期。定州博物馆收藏的一件白釉刻花牡丹纹执壶，侈口、粗颈、球腹、圈足。肩部安龙首形流，颈腹间安扁条形曲柄，柄顶部有结带装饰，两侧肩部饰"山"字形竖耳。安有龙首形流的执壶还见于台北故宫博物院收藏的瓜棱腹执壶以及法国国立居美美术馆收藏的刻花莲瓣纹执壶等。

除了以上几种执壶外，定窑此时还生产少量精美的仿生壶。北京顺义

图40.白釉人形壶（北宋）

县辽开泰二年（1013年）净光舍利塔出土的白釉人形壶，壶体塑成一少年男子，头束莲冠，身着宽袖长袍，双目紧闭，正襟危坐，双手在胸前捧一长方形物体，似为经卷，故有人称之为"童子诵经壶"。壶的设计十分巧妙，头顶的莲花冠上有孔为入水口，捧在胸前的经卷为壶流，背后有扁泥条柄。既具备壶的使用功能，又保持了人物造型的的完整性，构思新颖，结构合理，是一件不可多得的艺术珍品。（图40）

河北省崇礼县出土的白釉"童子骑鹅壶"设计非常巧妙（图版19），

一个天真可爱的男童顽皮地骑跨在肥鹅身上，左手叉腰，右手紧紧搂住鹅颈，胖胖的脸上露出得意的笑容。男童后脑左侧开有入水孔，鹅的嘴部为壶流，叉在腰间的左臂恰似壶柄，人鹅合一的壶体天衣无缝，构思之巧令人拍案叫绝。以上两件人形执壶都是采用模制法成型，工艺上难度极大，但人物形象塑造得生动自然，面部表情惟妙惟肖，充分显示了定窑工匠娴熟的技术水平和把握人物形象、塑造内心情绪的超凡能力。

瓷枕 瓷枕是唐宋时期南北各大窑场普遍生产的一种陶瓷寝具，其中有的是生活中实用的瓷枕，也有专门用于随葬的冥器，还有一些尺寸很小的瓷枕，一般认为是医生诊脉时用的脉枕。"陶瓷枕受人重视，以它寓有辟邪、辟魅、宜男、服妖等作用，唐代有'为豹头枕以辟邪，白泽枕以辟魅，伏熊枕以宜男，亦服妖也'的说法。"[22]定窑晚唐五代时期已经开始生产白釉瓷枕，曲阳灵山南庄出土的白釉如意形枕和曲阳涧磁村出土的白釉长方形枕，高度仅4-6厘米，应当属于冥器或医用脉枕。此外涧磁村定窑遗址及附近墓葬中还出土过枕面划刻蝴蝶纹、鹿纹的白釉枕，造型皆为长方形。

进入宋代以后，定窑的成型工艺日趋成熟，各种高难度的作品层出不穷，其中尤以仿生瓷枕在表现雕塑水平和造型能力方面最为突出。北宋定

---

[22]《新唐书·五行志》。

图41.白釉卧女枕（北宋）

图42.白釉立式狮形枕（北宋）

窑仿生瓷枕中最具特色的当属人物、动物造型，如"孩儿枕"、"卧女枕"、"狮形枕"等。

定窑生产的仿生瓷枕时代跨度较大，且缺乏纪年墓葬出土的同类器物加以对比，因此只能依靠排比器物胎釉、造型以及装饰方面的特征来进行推断。从对比的结果看，枕面与枕体相对独立的枕型时代似乎较早，枕面与枕体合一的枕型相对较晚。

美国旧金山亚洲美术馆收藏的一件定窑白釉孩儿枕（图版36），下部为长方形底座，一个眉清目秀的男童侧卧在底座之上，面庞朝上怀抱一个巨大的莲蓬，莲蓬上覆盖着一片肥大的荷叶，荷叶向两边自然弯曲，形成曲线优美的枕面。枕面上雕刻繁密的缠枝花卉，边缘用刀刻出"V"形花边。这件作品在设计造型时对莲蓬和荷叶作了夸张处理，但从整体效果看却显得十分生动和谐，是一件不可多得的艺术珍品。与此类似的还有河北省阜平县出土的一件残破的白釉孩儿枕，这件瓷枕尺寸较小，工艺也相对比较简单，娃娃身着长袍侧卧在长方形底座上，头枕软垫，双手持莲柄，枕面部分已经残缺，但从手持莲柄的姿态看，枕面应为荷叶无疑。此外，曲阳涧磁村定窑遗址还出土过一件白釉双童枕，椭圆形底座上有两个相对而坐的裸体娃娃，娃娃身旁装饰卷曲的叶片和果实，枕面残缺，已经无法判断其造型。

曲阳县北镇村出土的一件白釉卧女枕，其造型风格与上述孩儿枕十分相近，一女子侧身斜靠在椭圆形床榻上，右腿弯曲，左腿搭于右腿之上，

头下和身体四周满饰卷草纹，看上去宛若卧于花草丛中。只可惜枕面已经残缺，具体形状不详。（图41）

定窑生产的兽形枕仅见有狮子造型，同人物枕一样，狮形枕也分为两种类型：一种为卧狮形，狮背即为枕面；另一种为立狮形，狮子站立在长方形台座上，背上驮着如意形枕面。

定州博物馆收藏的白釉立式狮形枕，狮子四腿直立，身体微微侧扭，双眼圆睁，目光炯炯，微张的嘴中露出两排锋利的牙齿。背披长毯，佩带上挂满精致的铜铃，脊背顶部驮负如意形枕面，枕面上满刻繁密的卷草纹。狮形枕的底部已经残缺，但根据馆藏的另一件同类狮形枕残存的底座看，亦应为长方形。这件精美的狮形枕造型生动，工艺精湛，胎体洁白坚致，釉色白中微微泛青，实为定窑雕塑作品中的精华。（图42）

定州博物馆还收藏有一件白釉镂空枕，枕面与狮形枕一样，也是满刻卷草纹的如意形。枕座的造型非常奇特，是用攀枝娃娃图案围成的束腰长方形，束腰的下半部分是大片的缠枝花叶片，每面有一个攀骑在枝蔓上的娃娃，上半部分的四角是四朵硕大的花头，稳稳托住如意形枕面。这件瓷枕的造型构思新颖别致，枕座采用分片模制，然后拼接成一个整体，具有玲珑剔透的镂雕效果。

上海博物馆收藏的白釉殿宇形枕（图版35），枕面造型、纹饰以及刻花技法均与定州博物馆收藏的立式狮枕、镂空枕相同。枕体为仿木结构建筑，前后有门，后面的殿门半开，一个身着圆领长袍的男俑侧立于门前。

枕面为如意形，上面满刻繁密的卷草纹。胎质洁白细腻，釉色白中微微泛青。这件殿宇形枕的建筑形式与江苏南京南唐二陵的建筑结构非常相似，南唐国烈祖李昪及其皇后宋氏的钦陵和中主李璟及皇后钟氏的顺陵是五代后期的两座帝王陵墓，其墓室结构继承了唐以来陵墓建筑的特点，建筑风格颇具时代特色。此外，这件殿宇形枕门前站立的人物形象以及所穿着的服饰，也与二陵出土的陶俑相近。由此推断，这类如意形枕面上刻卷草纹装饰的瓷枕，时代相对较早。

北宋后期至金代是定窑历史上的鼎盛时期，在造型方面，此时的大宗产品以盘、碗、洗等圆器为主，瓶、罐、壶类立体琢器相对较少。由于定窑产品此时主要以精美的刻花、印花见长，因此器物造型不如前期丰富。

盘　此时盘类造型常见的有花口盘、折沿盘、侈口盘、折腹盘等。花口盘是定窑的传统造型之一，最早源于对唐代金银器的模仿。北宋晚期至金代定窑生产的花口盘在继承传统的基础上，根据覆烧工艺的特点对器型进行了改进，其中最具特色的是菊瓣式花口盘。这种盘的器腹很浅，腹壁设计成密集的多曲连弧形，看上去宛如菊花的花瓣，菊瓣的数目多少不等，大多在30至50瓣左右，多的可达60余瓣，均为模制法成型。口部的处理有侈口和折沿两种，侈口的一般尺寸较大，例如台北故宫博物院收藏的印花莲塘水禽纹盘口径为29厘米。折沿的尺寸相对较小，例如河北省曲阳县文保所收藏的印花缠枝牡丹纹盘口

径为15厘米，台北故宫博物院收藏的几件同类菊瓣式花口盘尺寸也均在20厘米左右。折沿类花口盘口部边缘处有一道凸起的立棱，这道立棱不仅具有很好的装饰作用，更重要的是可以在覆烧时有效防止器口与窑具发生粘连，此外也更加方便包镶金银棱扣。这类盘的底部除了少数为矮小的圈足

图43.白釉印花菊瓣式花口盘（金代）

外，绝大多数是略浅且内凹的卧足。（图43）

菱花式花口盘口沿的起伏较大，看得出是承续晚唐五代时期那种单脊式花口盘的风格，花口的瓣尖微微突起，盘形非常漂亮。口部花瓣的数目不等，例如法国国立居美东方美术馆收藏的印花狮子纹盘为7瓣，台北故宫博物院收藏的刻花花卉湖石纹盘为10瓣。这种花口盘口沿边缘也有一道凸起的立棱，浅腹，大平底，底部同菊瓣式花口盘一样，也是浅浅内凹的卧足。

折沿盘也是定窑此时较为常见的一种盘形，造型与菊瓣式花口盘中折沿的那一类基本相同，浅浅的盘腹，宽宽的折沿，口部有凸起的立棱，底部亦为卧足。从以上几款造型可以看

出，此时浅腹、大平底、卧足在小尺寸的盘类中十分流行（口径在25厘米以下）。这类盘的底部较大，口、底之间的比例多在1：1.4至1：1.5之间，由于采用了卧足或平底，所以看上去十分端秀。

侈口盘也是此时数量较多的一种盘形，造型简洁明快，稳重大方，侈口、弧腹、圈足或卧足。例如河北省博物馆收藏的印花花卉纹盘、北京故宫博物院收藏的印花缠枝牡丹纹盘以及台北故宫博物院收藏的刻花龙纹盘、印花龙纹盘等，圈足与口径的比例大约在1：2.5。

折腹盘属于定窑盘类中圈足最小的一种，底足与口径的比例约为1：3.5。盘底与腹部采用硬折角过渡，造型显得挺劲硬朗。折腹盘的

图44.白釉印花斗笠碗
（北宋后期至金代）

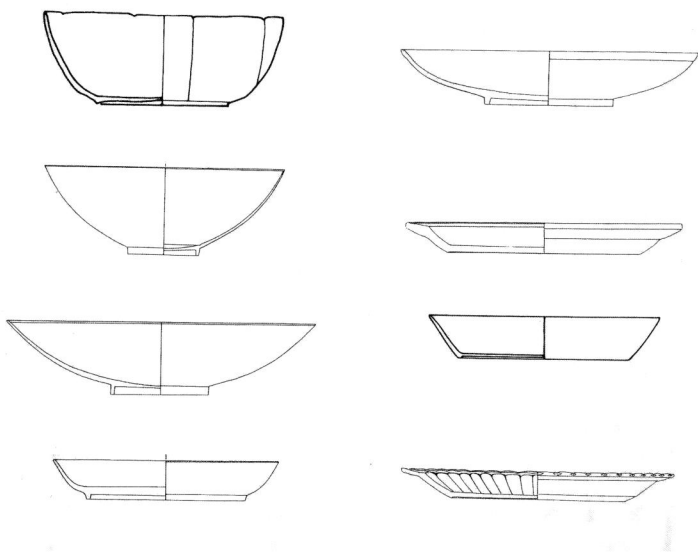

图45.定窑盘、碗造型示意图（北宋后期至金代）

器腹深浅不一，其中较深的往往被称为"折腹碗"。

碗 碗类造型主要有斗笠式碗、侈口碗和深腹碗，其中最为常见的是斗笠式碗，这种碗在宋代十分流行，江西景德镇生产的青白瓷、陕西铜川生产的青釉瓷、河南临汝生产的青釉瓷中都有大量的斗笠式碗。定窑斗笠碗得胎体轻薄，造型秀巧，尺寸也比较规范，口径一般在18至20厘米左右，足径在3.5至4.5厘米之间。有些斗笠碗的口沿作成六出葵口（口部有六个"V"形小缺口），传世品中口部包镶金银棱扣的比例很高，例如北京故宫博物院收藏的印花缠枝石榴纹碗、台北故宫博物院收藏的印花石榴纹碗等。（图44）

定窑侈口碗的造型也与同时期其他窑场的产品大同小异，均为侈口，弧腹，圈足。口、底比例匀称，圈足高度比采用正烧法烧制的矮小。有些侈口碗将口部做成六出葵口，采用模

制法成型的有时还在与缺口对应的部位印出六条凸起的细线。

定窑深腹碗的尺寸一般都较大，口径通常在25至30厘米左右，底径11至14厘米，底足与口径的比例为1：2.3左右。造型为直口，深腹，圈足，有的将口部做成扁宽的唇口。这种深腹碗由于尺寸大，器腹深，不利于采用模制成型，因此仅见刻花而不见印花装饰。

洗 定窑深腹器皿中还有一种侈口深腹的洗，底部较大，浅圈足或平底，有圆形和瓜棱形两种，底足与口径的比例为1：1.8。这种深腹洗也不适宜模制法成型，因此传世品中仅见有刻花器。

北宋晚期至金代定窑盘碗类器皿造型总的风格是趋于秀丽雅致，胎体轻薄，造型规整，款式也十分丰富。由于采用了覆烧新工艺，造型上在器物的口部和底足作了适当改变。

正烧法是我国瓷器传统的烧造

方法，装窑时先将坯件口部向上放入匣钵之中，然后将匣钵摆放在窑内焙烧。采用正烧法烧制瓷器时坯件的底足接触窑具，因此口沿满釉而底足露胎。覆烧法是相对正烧法而言，主要用于烧造盘碗类器皿，装窑时坯件口部朝下扣放在特制的窑具"支圈"上。由于器物口部接触窑具，为了防止粘连必须将口沿部位的釉刮掉，因此器物的口部无釉（即所谓"芒口"）而底足满釉。装窑方式的改变，使器足在烧造过程中无需承重，所以圈足可以做得非常窄小，有的干脆设计成平底或卧足，以尽量减少器足所占用的空间。其中菱花形花口盘、菊瓣式花口盘以及折沿盘的造型最能体现这种设计思想。（图45）

瓶 宋代瓶类的造型非常优美，最有代表性的是玉壶春瓶和梅瓶。玉壶春瓶是宋代出现的新品种，其名源于宋人诗句"玉壶先春"。宋元时期广为流行，定窑、汝窑、耀州窑、景

图46.白釉三足樽（北宋）

图47.白釉狮形枕（金代）

德镇窑、磁州窑等著名窑场都烧造这种产品。台北故宫博物院收藏的一件白釉刻花莲纹玉壶春瓶（图版20），侈口、细颈、垂腹、圈足。瓶体修长，线条柔美，与唐代浑厚古朴的造型风格形成了鲜明的对比。

梅瓶也是宋代出现的新品种，因小口仅容梅枝而得名。辽代墓葬壁画中有插花梅瓶的图案，因此似为陈设品。但磁州窑白釉黑彩梅瓶上有书"清沽美酒"、"醉乡酒海"者，可见亦当是盛酒的器皿。北京故宫博物院收藏的白釉刻花牡丹纹梅瓶，小口、短颈、丰肩，上腹圆鼓，下腹收敛。优美的造型充分体现了宋代瓷器秀雅的艺术风格。

北宋时期，汝窑与官窑是专为宫廷烧制御用瓷的两处窑场，所烧瓷器的式样都是依从"禁廷制样"。这些御用瓷器中，有不少是模仿古代青铜器的造型，这种复古之风，显然与统治者的喜好有关。定窑在北宋时期一度为宫廷烧造贡瓷，传世品中也有仿古风格的器皿，台北故宫博物院收藏的白釉三足樽就是一件模仿汉代青铜酒樽的作品，造型、纹饰都与汝窑的同类器物完全一样。可见这类专门为宫廷烧制的陈设用瓷都是按照"禁廷制样"生产制作的。（图46）

枕 北宋后期至金代，定窑烧制的瓷枕仍以仿生造型为主，但无论人形枕还是狮形枕，造型与早期相比均有较为明显的变化。

北京故宫博物院和台北故宫博物院收藏的白釉孩儿枕（图版37）属于这一时期的典型代表作品。一个天真可爱的胖娃娃俯卧在椭圆形雕花床榻

上，身着彩缎长袍，外罩坎肩，下穿长裤，衣服上的织绣花纹依稀可见。娃娃双臂环抱，头部侧枕在左臂上，右手握住绣球上的彩带。娃娃头部的刻画非常精细，面庞丰盈，五官清晰，双目炯炯有神，把儿童那种天真烂漫的神情表现得活灵活现。北京故宫博物院和台北故宫博物院收藏的孩儿枕造型、尺寸基本相同，仅釉色和局部花纹略有不同。

图版38是曲阳涧磁村定窑遗址出土的白釉卧女枕，一位体态丰盈的贵妇侧卧在椭圆形床榻上，身着长袍，头挽高髻，左臂弯曲枕于头下。面庞丰满，五官以及发型、首饰刻画得极为细致。这件精美的卧女枕工艺精湛、形体庞大，枕高16厘米，长度达44厘米，是目前所知定窑仿生瓷枕中尺寸最大的，称得上是定瓷雕塑作品中的稀世珍品。

这一时期的狮形枕以定州博物馆和曲阳文保所的藏品最为典型。狮子伏卧在长方形台座上，头部扭向左侧，尾巴向前卷曲，前爪枕于头下。狮子的双眼用黑彩点染，带有弧度的脊背即为枕面。曲阳文保所收藏的同类瓷枕中还有子母狮子的造型（图版59），母狮的造型与普通卧狮枕一样，在母狮的左侧又加塑了一只活泼可爱的小狮子。此外，同类卧狮枕中还见有施黑褐釉的。（图47）

北京故宫博物院、台北故宫博物院收藏的孩儿枕，定窑遗址出土的卧女枕以及定州博物馆收藏的卧狮枕，都属于枕体、枕面合一的类型。这类瓷枕的釉色大多白中微微泛黄，与早期那种枕体与枕面相对独立的仿生枕

相比，无论造型风格还是胎釉特征，都有明显的差异。

金代定窑生产的瓷枕中还有一种模仿磁州窑风格的剔花枕。定州博物馆收藏的白釉剔花莲荷纹枕（图版55），枕面下方饰一朵盛开的莲花，上方覆盖一片荷叶，中间装饰一组缠枝花叶。瓷枕通体施白色化妆土，枕面部分先用尖锐的工具划出纹饰轮廓，然后剔掉花纹以外部分的化妆土，深色胎体将白色花纹衬托得格外醒目。

白釉褐彩剔花与白釉剔花正好相反，是在洁白的胎体表面施一层深色化妆土。定州博物馆收藏的白釉褐彩剔花牡丹纹枕，胎体洁白，枕面上涂一层深色化妆土，然后在中央部位划刻菱形开光，开光内是一株盛开的折枝牡丹，牡丹花的花瓣及叶片划刻细密的蓖纹。白色胎体与深色花纹形成强烈的反差，具有一种独特的艺术效果。（图48）

定窑剔花瓷枕的工艺技法与磁州窑完全相同，但图案仍保持着自己精致秀美的风格特点，胎体也比磁州窑薄轻，与磁州窑粗犷豪放的艺术风格形成鲜明对比。剔花工艺始创于北宋磁州窑，主要流行于北宋后期至金代。定窑遗址的剔花枕残片也是出土于北宋晚期至金代的地层中。

（三） 装饰技法

定窑的装饰技法十分丰富，除了人们熟悉的刻花、印花之外，还有划花、剔花、贴花、镂空、描金、红绿彩等。

刻花 陶瓷传统装饰技法之一。

图48.白釉褐彩剔花牡丹纹枕（金代）

图49.白釉刻花莲瓣纹瓶（北宋早期）

它是在未干的坯体上用铁、木、竹等工具刻出花纹，然后施釉入窑烧成。与划花相比，刻花用刀较深，线纹具有一定的立体感。在宋代五大名窑之中，汝、官、哥、均四窑均以釉色和造型取胜，唯有定窑是以精美的刻花、印花见长。

定窑早、中期刻花的风格技法主要是受越窑和耀州窑影响，采用偏刀深挖，刀法犀利具有浅浮雕效果。纹饰以莲瓣和大朵的缠枝花卉为主，主要装饰在瓶、罐类器皿的肩、腹部。（图49）

北宋后期，定窑先进的"覆烧法"已经取代了传统的匣钵正烧工艺。采用覆烧法烧瓷，装烧时器物口部朝下，在烧造过程中受力点分布均匀，具有在高温中不易变形的优点，因此胎体可以做得更加轻薄。对于薄胎瓷器而言，定窑早期那种偏刀深挖的技法显然已不适用，加上此时图案纹饰极为丰富，对刻花的刀法提出了

更高的要求。聪明智慧的定窑工匠根据定瓷生产工艺的变化，对刻花工具以及刻花技法作了重大改进，形成了刻划结合、刻印结合、深浅有致、生动流畅的独特风格，定窑刻花从此进入了成熟阶段。

定窑刻花最突出的特点就是清晰流畅，刀法极为娴熟。窑工根据不同风格的图案选择不同的刀法，灵活掌握运刀时的轻重缓急，线条变化极为丰富。在定窑刻花作品中，有许多是采用刻划并用或刻印并用。美国纳尔逊艺术博物馆收藏的一件白釉刻花折枝牡丹纹盘（图版49），盘心刻划一株枝繁叶茂的牡丹花，枝叶以及花头的轮廓用偏刀刻出，使纹饰微微具有立体感，花瓣内细密的筋脉用特制的蓖状工具划出，盘沿上的卷草纹则用尖锐的针状工具划刻。整个画面深浅有致，疏密得当，充分体现出定窑工匠熟练的技巧和出色的艺术表现力。

印花 是陶瓷传统装饰技法之

一。它是用刻有纹饰的印模在未干的坯体上印出凹凸的花纹，然后施釉入窑烧成。印花工艺操作简单，生产效率高，产品规格一致。印花是定窑传统的装饰技法，晚唐时期定窑生产的海棠式杯、四方委角盘等器物都模印简单的花纹。但此时定窑印花实际上是学习、借鉴金银器加工中的"锤揲"工艺，主要用在模仿金银器造型的器物上，使用面窄，传世作品也很少。

晚唐定窑的印花装饰主要出现在海棠杯、长方形盘等采用模制成型的器皿上，花纹直接刻在底模上，这种方法与金银器锤揲工艺中的"模冲"成型法完全一样。定窑刻模手法主要有两种，一种是采用针状工具在底模上划刻出浅细的花纹，翻印到瓷器上就成为微微凸起的阳文图案。曲阳涧磁村晚唐墓葬出土的白釉印花鱼纹海棠式杯和白釉印花四方形委角盘都属于这种类型，这种模印花纹虽然浅

图50.白釉印花四方委角盘（晚唐）

图51.定窑印花模具（金代）

细，但凸起的线条非常清晰，具有独特的装饰效果。另一种刻模手法是在底模上用刻刀将图案挖刻出来，翻印到瓷器上就形成凸起的、带有较强立体感的花纹。台北故宫博物院收藏的白釉印花鱼纹海棠式杯以及埃及福斯塔特出土的白釉海棠式杯均属这种类型。（图50）

到了北宋时期，定窑将印花工艺进行了大胆改进，使成型、装饰两道工序合二而一，操作简单，产品规格统一，配合先进的覆烧法，极大地提高了生产效率，非常适合大规模的批量生产。关于北宋定窑印花工艺创始于哪一阶段，目前还难以定论。但从传世品和窑址出土的标本看，有少量印花瓷器的圈足底部无釉，系采用正烧法烧制，由此推断，北宋定窑印花工艺的出现应该不会晚于中期。

定窑印花工艺的关键是制作印花模具。模具的原料与白瓷基本相同，拉坯成型后根据设计在模具表面描绘纹样，然后采用刻花、划花技法进行刻制。刻好的模具要入窑焙烧使其达到一定硬度，同时模具还须保留一定的吸水率，因此烧造温度通常比瓷器稍低。

用模具印坯成型是一个相对简单的工序，其技术含量远比刻花要低。操作时把坯料扣在模具上，然后用木条类工具拍实。拍打时要求轻重一致，保证坯体各部位受力均匀，这样纹饰就能清晰、完整地翻印到坯体上。

北宋晚期至金代，定窑印花瓷器的装饰题材空前丰富，除了传统的莲瓣纹、卷草纹、缠枝牡丹等图案化纹饰外，还出现了大量反映现实生活内容的图案，包括植物、动物、人物、自然风光以及龙、凤、螭等传说中的神禽异兽。精美细致的印花工艺和结构严谨、内容丰富的花纹，使印花瓷器成为最能代表定窑艺术风格的标志性产品。1978年，曲阳县北镇出土了四件完整的印花模子，其中三件刻有干支年款[23]，这四件珍贵的金代印花模子，使人们对金代定窑的印花工艺有了更加深入的认识。（图51）

划花 陶瓷传统装饰技法之一。它是在未干的坯体上用铁、木、竹等尖锐工具划刻出线状花纹，线条自然流畅，没有粗细、深浅的变化，操作技法相对比较简单。定窑早期产品不尚装饰，晚唐五代时期定窑的划花白瓷数量不多，装饰纹样也比较简单，最常见的是在瓶、壶、罐等琢器的肩、腹部划刻数道弦纹（图版6）。弦纹多数划刻得非常浅细，只有在光线明亮的地方才能看清。此外较常见的划花图案是蝴蝶纹，多以对蝶的形式

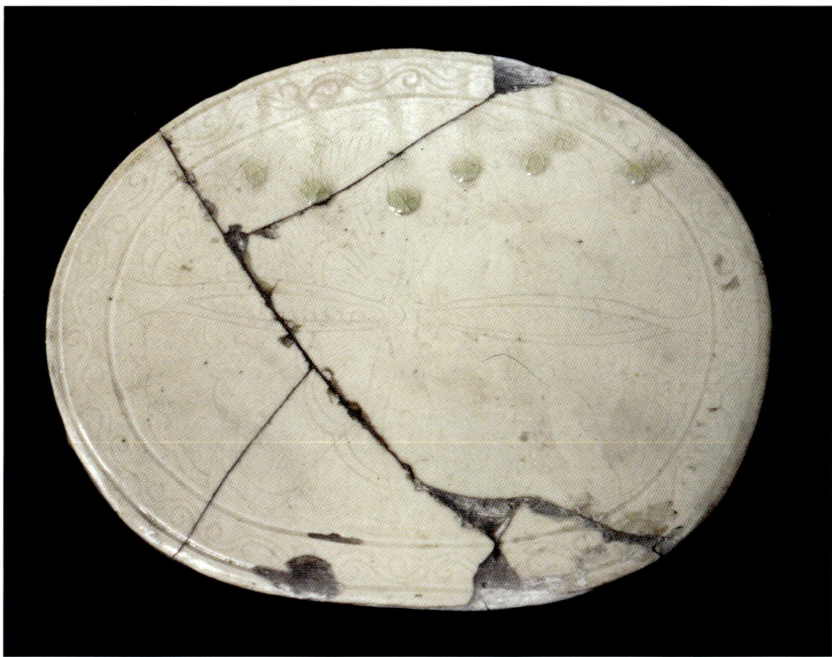

图52.白釉划花对蝶纹枕（晚唐）

[23] 妙济浩、薛增幅：《河北曲阳县定窑遗址出土印花模子》，《考古》，1985年第7期。

表现，图案简单，线条稚拙，可以看出尚处在初级阶段。（图52）

北宋早期，深刀雕刻开始流行，但仍有一些瓷器采用划花工艺，定州净众院塔基出土的白釉朵云纹矮腹瓶，在肩部用浅细的线条划出朵云纹。北宋后期至金代，定窑刻花作品常常是刻、划并用。划花作为一种辅助手段，主要用于边饰或某些细部，例如盘沿上的卷草纹大多是用尖锐的针状工具划出，花瓣内细密的筋脉以及颇具动感的水波纹则是用一种特制的蓖状工具划出。

剔花 陶瓷传统装饰技法之一。主要分为剔釉和剔化妆土两大类。剔釉是在施釉的坯体表面先划刻出花纹，然后将花纹部分以外的釉层剔去入窑烧成，利用胎与釉之间的反差来表现纹饰。剔化妆土是在施化妆土的胎体表面先划刻出花纹，然后将花纹部分以外的化妆土剔去，施透明釉后入窑烧成。利用胎与化妆土之间的反差来表现纹饰。定窑剔花主要以剔化妆土这类为主。剔花技法始于北宋磁州窑，根据《观台窑址发掘报告》中对地层的分期[24]，磁州窑剔花工艺从第一期（北宋前期）就已出现，第二期（北宋后期至金代）广为流行。定窑剔花显然是借鉴学习磁州窑的这种新工艺，因此时代也应在北宋后期至金代这一阶段。磁州窑的剔花产品非常丰富，有白地剔花、白地黑剔花、白地褐彩剔花、白地剔

划填黑以及绿釉剔花、绿釉黑剔花等，造型以瓷枕、瓶、罐为主。定窑剔花是借鉴磁州窑剔化妆土的工艺，产品可以分为白地剔花和白地褐彩剔花两类。

定窑白地剔花产品采用的是含铁量较高的低档瓷土，胎体颜色较深。施白色化妆土后先划刻出花纹轮廓，然后将花纹部分以外的化妆土剔掉。这种剔花工艺与磁州窑完全一样，但定窑胎体坚致细密，厚度相对较薄，剔刻手法也比磁州窑精细。

定窑白地褐彩剔花产品采用的瓷土与白瓷完全相同，胎体洁白细腻，所以必须使用深色化妆土才能产生颜色上的反差。这类产品通常是在洁白的胎体表面施一层褐色化妆土，划刻出花纹轮廓后，将花纹部分以外的化妆土剔掉，利用深色化妆土与白色胎体之间的反差来突出纹饰。正定县文保所收藏的一件白釉褐彩剔花荷莲鹿燕纹罐（图版57），造型饱满，线条圆润，胎体坚薄。罐腹以繁密的缠枝莲纹为地，花叶中间有鸭、雁等水禽和一只美丽的长角梅花鹿，图案化的藤蔓、叶片配上写实的莲花、荷叶以及茨菇等水草，使画面既充满生机又极具装饰性。构图满而不乱，表现出极高的工艺水平和艺术水平。这件剔花罐出土于河北省藁城县，从胎质、剔花技法以及纹饰风格看，显然是定窑产品。如此精美的大型定窑剔花作品极为罕见，代表了定窑剔花工艺的最高水平。

贴花 贴花又称"模印贴花"，

它是先用捏塑、模印等方法制作出各种人物、动物、花卉以及几何图案等附件，然后用泥浆粘在坯体表面。模印贴花具有较强的立体感，南北朝及隋唐时期较为常见。贴花在定窑瓷器中并不常用，仅见于北宋早期一些特殊器物上。定州静志寺塔基出土的白釉贴花双耳小炉（图版30、31），上腹部有的堆贴10个模印兽面，同出的贴花双耳炉也有在腹部堆贴模印佛像的。此外，定州塔基出土的白釉褐彩轿在六角形轿顶上每面各贴一朵模印团花。同出的白釉龟的头、尾以及四足也是采用模印贴花技法。

镂空 又称"镂雕"。在器物坯体未干时，用刀把胎体预定的装饰部位雕透，使之具有透空的效果。镂空在定窑瓷器中也不常用，定州静志寺塔基出土的白釉五足熏炉和白釉褐彩四人肩舆，分别在炉盖和轿身采用了镂空技法。

描金 关于定窑瓷器的描金装饰，宋代周密在《志雅堂杂钞》中有这样一段描述："金花定碗用大蒜汁调金描画，然后再入窑烧，永不复脱。"带有描金装饰的定瓷极少，出土及传世品中见有白釉描金、酱釉描金和黑釉描金三种。国内出土的资料有江苏镇江市南郊北宋熙宁四年（1071年）章珉墓出土的酱釉描金瓶和安徽省肥西县将军岭出土的酱釉描金瓶，两件器物上的金彩均已完全脱落，仅能隐约看到描金脱落后留下的花纹痕迹。博物馆藏品则以日本东京国立博物馆数量最多，质量也最精。

---

[24] 北京大学考古系、河北省文物研究所、邯郸地区文物保管所：《观台磁州窑址》，文物出版社，1997年。

图53.白釉红彩"长寿酒"小碗（金代）

图版43是日本东京国立博物馆收藏的酱釉描金折枝牡丹纹碗，碗心用金彩描绘大朵折枝牡丹，牡丹花的构图与同期白釉刻花瓷器上的牡丹基本相同。定窑描金瓷器上的金彩非常容易脱落，大多数只留下金彩脱彩后花纹的痕迹，这件描金碗是目前唯一金彩保存最为完好的一件。可见文献中所谓"永不复脱"的说法与实际不符。

红绿彩　红绿彩是磁州窑首创的一种釉上彩装饰技法。它是在已烧好的白釉瓷器上，用毛笔蘸红、绿彩料描绘花纹，然后入炉用800℃左右的温度将彩料烧结在釉面上。所用彩料主要有红、绿、黄三色。红绿彩主要流行于北方磁州窑系窑场，河北、河南、山西以及江西吉安也有烧造。定窑瓷器中采用红绿彩作为装饰的很少，上海博物馆收藏的一件定窑白釉刻花莲纹小碗，碗内壁用红彩书"长寿酒"三字，另外保定市也曾出土过定窑红绿彩瓷器残片。（图53）

（四）典型纹饰

早期定窑不尚装饰，绝大多数瓷器光素无纹。少数黄釉执壶器腹上划刻的席纹或戳点纹，也非定窑所独创，河北邯郸、邢台、石家庄等地出土的唐代黄釉瓷器都见有这两种纹饰。所以可以说早期定窑没有代表自己风格的典型纹饰。到了晚唐五代时期，定窑在模仿金银器造型的同时，也模仿一些简单的花纹，出现了鱼、鸟、蝴蝶、鹿以及简单的卷草纹、几何纹等图案。北宋早、中期，定窑在越窑、耀州窑刻花装饰的影响下，流行深刀雕刻的莲瓣纹和大朵缠枝牡丹纹，装饰艺术仍处在边模仿、边探索的创新时期，尚未形成自己的风格特点。到了北宋后期，定窑的刻花、印花工艺已经成熟，在不断学习、模仿的基础上，逐渐形成了独具特色的装饰风格。此时定窑纹饰的内容空前丰富，除了传统的莲瓣纹、卷草纹、缠枝牡丹等图案化纹饰外，还出现了大量反映现实生活内容的图案，包括植物、动物、人物、自然风光以及龙、凤、螭等传说中的神禽异兽。在各类题材之中数量最多的当属植物纹，常见的有莲花、牡丹、石榴、菊花等。植物纹的构图形式也十分丰富，有缠枝、折枝以及与水禽、游鱼组合而成的莲塘风光等。这些精美的刻花、印花纹饰，代表了北宋后期至金代定窑

图54.刻花莲纹（线描图）

图55.刻花莲荷纹（线描图）

装饰艺术的最高成就，也展现了定窑典型的艺术风格。

莲花　莲是一种多年生草本植物，古代又称"芙蕖"、"芙蓉"。《尔雅·释草》云："荷，芙蕖……其华菡萏，其实莲，其根藕。"疏曰："芙蕖其总名也，别名芙蓉；江东呼荷；菡萏，莲华也。"千百年来，莲以它美丽的花形、芬芳的气质、不染纤尘的高洁品德深受世人的喜爱。我国古代文学作品中很早就有关于莲的诗句，"彼泽之陂，有蒲与荷"（《诗经·陈风·泽陂》），"山有扶苏，隰有荷华"（《诗经·郑风·山有扶苏》）。宋代著名学者周敦颐在《爱莲说》中对莲花充满感情的赞誉，更集中体现了古人对莲的崇敬与爱慕之情。我国古代用莲瓣作为装饰大约始于周代，当时主要用在青铜器中壶类的盖面上作为装饰[25]。东汉

以后，莲花作为印度佛教艺术中的重要文化象征，随佛教的传播在我国迅速普及，至东晋时期开始出现在瓷器上。此后，历经南北朝、隋唐直到北宋早期，莲瓣纹一直是瓷器上最为重要的装饰纹样。

北宋早期，定窑瓷器采用的装饰纹样十分有限，其中使用最普遍的当属莲瓣纹。定州市净众院塔基地宫出土白釉刻花莲瓣纹龙首大净瓶（图版15），在高达65厘米的瓶身上装饰着五组莲瓣纹，自上而下分别为单层、双层、三层、四层。上面三层采用划刻技法，下两层采用浮雕手法，刀法犀利，具有很强的立体感。定州塔基出土的长颈瓶、盖罐、碗以及辽代墓葬出土的定窑白瓷中，也常见这种颇具浮雕效果的莲瓣纹。

北宋后期至金代，河北定窑、江西景德镇湖田窑、陕西耀州窑等著名

窑场的刻花、印花产品中，各种形式的莲花图案丰富多彩，在植物类题材中占有很大比例。定窑瓷器中单纯的莲花纹以刻花为多，最常见的是在盘心或碗心刻划一朵盛开的折枝莲花。构图简洁明快，硕大的花头位于盘心中央，占据了大半个盘面，下部点缀几片象征性的枝叶，主次分明，线条流畅，寥寥几刀就把一朵盛开的莲花刻画得栩栩如生。定窑遗址出土的刻花瓷片标本中，这种图案占有很大比例。此外，北京辽代丁文道墓[26]、通县金代石宗璧墓[27]、朝阳金代马令夫妇墓[28]等纪年墓葬中，都出土过这种风格的刻花莲纹白瓷。（图54）

定窑白瓷中还有一种简洁的荷莲图案，在盘、碗类圆器的中央，一张舒展的荷叶托起一朵盛开的白莲。画面虽然简单，但构图新颖，比例得当，具有独特的韵味。这类作品北京、内

[25] 我国用莲花作为装饰题材大约始于周代。美国旧金山亚洲艺术博物馆藏有一件西周晚期的青铜器"梁其壶"，壶盖四周饰有一周镂空的莲瓣作为盖纽。湖北京山出土的春秋早期"曾仲游父壶"，盖顶上也饰有类似的莲瓣组。以上是我国早期以莲瓣为纹饰的范例。这时的莲纹缺乏写实感，可以看出是由流行于西周中晚期到春秋早期青铜任食器和酒器上的波曲纹（旧称环带纹）演变而来的，属于较为抽象的莲纹。到了春秋中晚期，青铜器上的莲纹开始趋于写实。1923年河南新郑出土的莲鹤方壶是一件装饰写实莲纹的代表作品。

[26] 北京市文物工作队：《北京西郊百万庄辽墓发掘简报》，《考古》，1963年第3期。

[27] 北京市文物管理处：《北京市通县金代墓葬发掘简报》，《文物》，1977年第11期。

[28] 辽宁省博物馆：《辽宁朝阳金代壁画墓》，《考古》，1962年第4期。

图56.白釉印花缠枝牡丹纹盘
（北宋后期至金代）

蒙古、黑龙江、吉林等地的辽金墓葬、遗址中均见有出土。这种经典的莲荷图案除定窑外，在磁州窑、耀州窑等窑场也十分流行。（图55）

除了画面简洁明快的单朵折枝莲纹外，定窑瓷器中还有许多构图繁密、刻工精细的缠枝莲纹。台北故宫博物院收藏的一件白釉刻花缠枝莲纹盘，盘心中央刻一朵花头向上的莲花，盘壁左右刻两朵相对开放的莲花，上下刻舒卷的荷叶，花叶之间布满卷曲的水草和茨菇。画面清新自然，满而不乱。北京故宫博物院也有一件类似的刻花盘，环盘壁刻对称的莲花，上下是俯仰相对的荷叶，唯一不同的是省略了盘心的莲花。

牡丹 牡丹雍容华贵，馨香宜人，被誉为"国色天香"。相传唐代开元年间长安城牡丹盛开，唐玄宗赏花论诗，十分欣赏李正封咏牡丹的诗句，诗中"国色朝酣酒，天香夜染衣"两句的句首词"国色天香"遂成为牡丹的代名

词。宋代理学家周敦颐在其名篇《爱莲说》中将牡丹称为"花之富贵者"，故牡丹又有"富贵花"之称，成为幸福美好、富贵繁荣的象征。牡丹从唐代起就成为各种工艺品上常用的装饰题材，金银器上的缠枝牡丹更是富丽堂皇，精美绝伦，受其影响，宋代用牡丹作为装饰非常普遍。

定窑瓷器上的牡丹纹最早见于北宋早期，定州净众院塔基出土的白釉刻花莲瓣纹龙首大净瓶，在上腹部用深刀雕刻一组缠枝牡丹，工匠采用"减地"技法，将图案以外的部分浅浅地挖掉一层，使微微凸起的花纹具有浅浮雕般的效果。牡丹花瓣内划刻细密短阴刻线的技法，与唐代金银器、玉器上惯用的手法非常相似。此外，北宋早、中期定窑瓶、壶类琢器上流行的一种大朵缠枝牡丹花也是采用"减地"技法，这种缠枝牡丹大花大叶，纹饰轮廓用深刀挖出，花、叶内则用细密篦纹来表现花蕊和叶脉，

具有独特的装饰效果。除定窑外，陕西耀州窑生产的刻花青瓷中也有这种风格的作品。

北宋后期至金代，定窑印花瓷器上的牡丹纹多以缠枝形式为主。台北故宫博物院收藏的一件白釉印花缠枝牡丹纹盘，盘壁模印缠枝牡丹，构图采用传统的对称模式，上下、左右各饰一朵牡丹，四周衬以缠绕的枝叶。这种构图形式在定窑印花缠枝花卉中十分普遍，各种花卉如菊花、石榴、宝相花等基本上都是采用这种构图模式。在一些大口径的印花盘上，缠枝牡丹一般采取多层次构图的方式，盘心是一组四朵花头的缠枝牡丹，外边环绕一圈带状回纹，盘壁装饰两组缠枝牡丹，每组六朵，里圈和外圈的花头相互交错，花头之间布满缠绕的枝叶。（图56）

定窑刻花瓷器上的牡丹纹以折枝形式的最为精彩，美国纳尔逊艺术博物馆收藏的一件白釉刻花牡丹纹盘

（图版 49），盘心刻划一株盛开的牡丹，枝繁叶茂，花头硕大，一派雍容华贵的气度。牡丹的形象追求写实效果，刀法准确细腻，花瓣上的筋脉清晰可见。同类作品还见于台北故宫博物院收藏的白釉刻花折枝牡丹纹盘。

菊花、石榴 在中国传统文化中，菊花与梅、兰、竹并称为"四君子"，象征着古代知识分子高尚的道德品质。菊花又可入药，经常冲饮可以明目长寿，所以一直被视为吉祥之花。石榴与桃子、佛手是中国传统文化中的三大吉祥果，桃子象征长寿，佛手象征多福，石榴象征多子。这类具有文化内涵、象征吉祥幸福的花卉、瓜果，也是宋代普遍流行的装饰题材。定窑印花缠枝菊花的构图以及花叶缠绕的方式等都与同类的缠枝牡丹相同。此时其他的缠枝花卉如缠枝石榴、缠枝宝相花等也大多如此，可见这种对称四花头的缠枝模式在定窑中已经成为一种定式。北京故宫博物院收藏的定窑白釉刻花缠枝石榴纹碗，纹饰刻在碗的外壁，大花大叶，布局疏朗。缠枝石榴"一面果实业已成熟，石榴子外露，另一面为石榴花，这种构图实际上是不存在的，由开花到结果要经过相当长一段时间，两者是不可能同时出现的，但匠师们却把它们展现在一个画面上，富有浪漫主义色彩[29]。"北京故宫博物院收藏的另一件印花缠枝石榴纹碗也是采用这种手法，在四个对称的花头中，三个是成熟的果实，另一个是怒放的

石榴花。（图57、58）

四季花卉 将不同季节开放的花卉组合在一个画面中的图案称为"四季花卉"。曲阳县北镇村出土的四件印花模子中，有一件刻有"泰和丙寅"款的四季花卉纹碗模，碗壁用六条竖线分成六格，格内分别刻牡丹、莲花、菊花、桃花等不同的花卉，碗心刻石榴花。这种大胆"突破客观物象的生态规律和物理的天然结构的束缚，而按照艺术家自己的主观的诗意之情来组合画面[30]"的创新作品，不仅具有极好的视觉效果，同时也寓含着人们企望风调雨顺、四季平安的情感和愿望，具有强烈的主观色彩。

鱼 鱼是中国传统的装饰纹样，早在6000年前新石器时代仰韶文化的陶器上，就出现了精美的彩绘鱼纹。宋代瓷器上的鱼纹十分普遍，定窑、耀州窑、景德镇窑生产的瓷器中，都有不同风格的鱼纹。

晚唐定窑瓷器中已经出现了简单的鱼纹，曲阳县涧磁村出土的一件白釉印鱼纹海棠式杯，杯心模印简单的鱼纹。到了北宋后期，随着刻花、印花工艺的成熟，各种丰富多彩的鱼纹大量出现在定窑瓷器上，常见的有水波游鱼、水藻游鱼、莲荷游鱼以及与水禽、莲荷共同组成的"莲塘风光"等。台北故宫博物院收藏有两件精美的白釉刻花鱼纹碗，一件深腹碗的碗心刻划一条肥硕的鲢鱼，鱼的轮廓用深刀刻出，水草采用浅刻，水纹用蓖状工具划出。另一件斗笠式碗的

碗心刻划两条并肩而游的鱼儿，画面上部是一株迎风摇曳的芦苇，用蓖状工具划出的水波纹流畅飘逸，动感十足，把鱼儿在逆流中奋力游动的神态刻画得栩栩如生（图版47）。印花鱼纹图案中最具装饰性的当属"莲塘风光"，画面中央是两条在水中游动的鱼，环内壁装饰三组两两相对的水禽与三组盛开的莲花，空隙处刻满纤细的涡形水波纹。这些疏密一致、充满动感的线条，使整个画面的节奏和谐统一，具有一种音乐般的韵律感。（图59）

水禽 定窑瓷器纹饰中与水有关的题材占有很大比例，由各种水禽、游鱼组合的画面丰富多彩，令人目不暇接。水禽中常见的有鸭、鹅、雁、鸳鸯、鹭鸶等，这些水禽有的成双成对，有的三五成群，更有几种水禽与游鱼、莲荷、水草组成的莲塘美景。纹饰构图采用多种形式：较为多见的是环盘壁对称排列几组水禽与莲荷、水草，然后用细密的水波纹充填剩余的空间，画面繁密，装饰性强；有的采用写意手法，一朵莲花，几株芦苇，两只水鸭，画面简洁，意境深远；有的采用写实手法，构图严谨，精秀工整，宛若一幅精美的工笔花鸟画（图60、61）

蝴蝶 蝴蝶纹是晚唐五代至北宋早期定窑瓷器上较为流行的一种纹饰。1962年曲阳县涧磁村墓葬曾经出土过一件白釉划花蝴蝶纹长方形枕，枕面中心划刻蝴蝶和草叶，边框内

[29] 冯先铭：《定窑》，《中国陶瓷·定窑》，上海人民美术出版社，1983年9月。
[30] 熊廖：《陶瓷美学与中国陶瓷审美的民族特征》，浙江美术学院出版社，1989年。

图57.印花缠枝菊纹（线描图）

图58.印花缠枝石榴纹（线描图）

图59.印花"莲塘风光"（线描图）

图60.刻花 "双兔图"（线描图）

图61.印花"鸳鸯戏莲"（线描图）

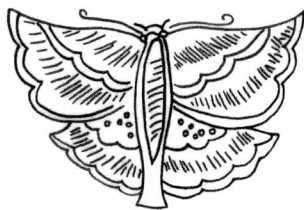

图62-1.唐定窑瓷枕上的蝴蝶纹（线描图）

图62-2.唐金银器上的蝴蝶纹（线描图）

饰一周半梅纹，画面简朴稚拙，纹饰全部采用浅细的阴刻线。此外，1985年定窑遗址发掘时出土的划花蝴蝶纹枕和划花蝴蝶纹盘，也是采用浅细的阴刻线，蝴蝶形状与唐代金银器上常见的蝴蝶纹十分相似，蝶体轮廓内划刻细密短阴刻线的手法，也与唐代金银器、玉器惯用的手法相同。由此可见，唐代定窑瓷器上出现的鱼纹、蝴蝶纹等有限的几种纹饰，都是模仿金银器上的图案。（图62）

鹿 鹿在古人心目中既是长寿的仙兽，又是祥瑞的象征。《抱朴子》载："鹿寿千岁，满五百岁则其色白。"《艺文类聚》九十九引《瑞应图》："天鹿者，纯善之兽也，道备则白鹿见，王者明惠及下则见。"可见所谓"天鹿"就是指白鹿，人们相信它的出现象征着天下太平、国泰民安，是一种吉瑞之兆。鹿纹也是定窑早期有限几种纹饰之一，1960年至1962年，河北省文物工作队在涧磁村定窑遗址进行发掘时，曾出土过一件带有鹿纹的瓷枕，枕面用稚拙的笔法划刻两只梅花鹿。北宋后期至金代，定窑印花瓷器上的鹿纹有奔鹿、卧鹿和成双成对的鹿，台北故宫博物院收藏有一件白釉天鹿纹盘，盘心一只瑞鹿安卧于百花丛中，引颈回首，凝视远方。

龙 龙是中国古代传说中最为神奇的祥瑞动物，《说文解字》释云："龙，鳞虫之长，能幽能明，能细能巨，能短能长，春分而登天，秋分而潜渊，从肉飞之形。"龙纹最早可能是氏族、部落图腾的标志，象征着神武与力量。进入封建社会后，又被视作"帝德"和"天威"的标志，并逐渐被皇室所垄断。到了宋代，龙成了天子的象征，统治者对龙纹的使用有着严格的规定，除了宫廷之外，民间一律不得使用。

定窑属于民间窑场，但因承烧贡瓷的原因，纹饰中有一定数量的龙纹。北宋定窑生产的刻花、印花龙纹瓷器以盘类为主，在涧磁村定窑遗址

图63.刻花龙纹（线描图）

图64.印花凤纹（线描图）

图65.刻花螭纹（线描图）

曾出土过刻花龙纹盘以及刻有"尚食局"铭文的印花龙纹盘残片，进一步证实这类带有龙纹装饰的精美白瓷是专为宫廷烧造的。刻花瓷器上的龙纹构图相对比较简洁，画面上除了龙纹外一般不加辅助纹饰。龙体盘曲呈"S"形，昂首挺胸，神采飞扬。舞动的四爪，飞扬的须鬣，使整个画面充满了强烈的动感。印花龙纹的构图与刻花器基本相同，龙体四周增加了云纹和火珠，细节部分如龙鳞、龙爪刻画得更加精细。定窑印花瓷器中还见有一件器物上印三条龙纹的大碗，碗心饰一条团龙，内壁饰两条首尾相接的行龙，两条龙在祥云中你追我赶，姿态矫健，形象生动。此外，印花龙纹中的团龙还常与各类缠枝花卉一同组合成团龙缠枝牡丹、团龙缠枝石榴等图案。（图63）

凤　是我国古代传说中的祥瑞之鸟，雄者曰凤，雌者曰凰，据传"出于东方君子之国"，为百鸟之长。《说文解字》释云："凤，神鸟也，天老曰：凤之象也，鸿前麟后，蛇颈鱼尾，鹳额鸳腮，龙文龟背，燕颔鸡喙，五色备

举。"凤纹在远古时期也是氏族、部落图腾的标志，后来与龙纹一样被封建统治者独占为皇室专用的纹饰。定窑瓷器上的凤纹图案非常丰富，有双凤齐飞、双凤穿云、凤穿牡丹、凤衔彩带等，有时还与龙、螭一起组成图案。台北故宫博物院收藏的白釉刻花双凤纹盘（图版48），盘心刻两只展翅翱翔的凤鸟，一上一下首尾相顾，构成一幅优美的图案。凤凰飘逸的长尾舒畅连贯，给人一种随风摆动的美感。双凤四周不加任何装饰，仅在盘口的板沿上浅刻一圈卷草纹，画面显得干净利索，俊俏秀丽。印花瓷器上的凤纹除飞翔的凤鸟外，四周布满朵朵祥云，云朵中还间有奇异的花朵。其余如凤穿牡丹、凤衔彩带等图案也大多采用这种布局。（图64）

螭　螭是我国古代传说中一种无角的龙。《说文解字》释云："螭，若龙而黄，北方谓之地蝼。"螭的身躯大致像龙，姿态多为盘曲蜿蜒的匍匐状，故又名"蟠螭"。螭纹是商周青铜器上常见的纹饰，此后又在玉器中广为流行，宋代定窑瓷器上大量出现螭纹，似与当时盛行的复古之风

有关。定窑刻花、印花作品中都有螭纹，构图有简有繁。刻画作品往往只表现蟠螭主体，或者再加一圈回纹作为辅助。印花作品则在蟠螭四周布满缠枝花卉等繁密的纹饰。曲阳县北镇村出土的金大定二十四年款螭纹印花模子，螭身四周布满茂密的缠枝石榴纹，外圈装饰卷草纹和回纹。此外螭纹还经常以"团螭"的形式作为缠枝花卉类图案的陪衬纹饰，例如碗壁装饰缠枝莲或缠枝牡丹纹，碗心处饰团螭纹。（图65、66）

狮子　狮子是一种凶猛的食肉类哺乳动物，雄狮颈部有长鬣，四肢强壮，形象高大威武。狮子原产于非洲和亚洲西部，自西汉时期由西域传入我国后，一直被人们视为祥瑞之物。瓷器上的狮子形象最早见于六朝青瓷，西晋时期流行的青瓷烛台很多就是以狮子形象做为底座，太原市玉门沟唐代墓葬出土的青瓷人物狮子纹扁壶上模印胡人驯狮的图案，这些早期的狮子纹饰都保留了雄狮威武雄壮的形象。从宋代起，瓷器上的狮纹出现了明显变化，以往凶猛威严的狮子此

图66.印花螭纹（线描图）

图67.印花狮子穿花纹（线描图）

图68.印花龟鹤纹（线描图）

时变得活泼可爱，已经完全中国化的狮子戏球纹广为流行。曲阳县文保所收藏的白釉印花狮子戏球纹盘，盘心一头顽皮的狮子正在全神贯注地戏耍一只绣球，狮子身体采用了夸张的手法，随盘边的弧形作大弧度扭曲，这种"随形卷曲"的适合式构图形式，是定窑龙纹、螭纹等动物纹样惯用的构图手法。经过大胆变形处理后的狮子身体弯曲成"C"形，四爪撑开，双目圆睁，具有强烈的动感。台北故宫博物院收藏的白釉印花狮纹花口盘（图版51），狮子的形态与曲阳县文保所的狮子戏球纹盘如出一辙。此外，狮子还常与螭纹、花卉一同组成装饰图案。（图67）

除了传说中的龙、凤、螭以及来自西域的狮子外，定窑瓷器上的动物还有龟鹤、孔雀、大雁等。曲阳县文物保管所收藏的白釉印花龟鹤纹花口盘（图版52），盘心左侧一只仙鹤低头曲颈，凝视着在地上缓缓爬行的乌龟，仙鹤身后是玲珑剔透的洞石和茂盛的竹枝。这种

龟鹤、洞石、竹枝组合的图案还见有两鹤一龟的。龟、鹤在古人心目中是象征长寿的动物，《淮南子·说林》云："鹤寿千岁，以极其游"，《抱朴子》载："知龟鹤之遐龄，故效其导引以增年"。将龟与鹤这两种长寿动物组合在一起，显然寓含有企盼健康长寿之意。（图68）

婴戏图　定窑瓷器中的人物图案相对较少，常见的多为各种形式的婴戏图。宋代是我国国画高度发达的时期，其中有一批专画儿童题材的著名画家，"据《画继》载，北宋开封人刘宗道画的《照盆孩儿图》扇，在民间流布很广。宣和画院待诏、开封人苏汉臣更是以善画儿童题材而著称。现在收藏在故宫博物院的《货郎图》和《秋庭戏婴图》便是他脍炙人口的作品[31]"。定窑瓷器中的婴戏图大多为印花"攀枝娃娃"，一群天真可爱的婴儿在茂盛的枝叶、藤蔓间嬉戏玩耍。常见的有婴戏石榴、婴戏瓜瓞以及充满生活情趣的赶鸭图、庭院嬉戏

图等。定窑五代至北宋早期就出现了攀枝娃娃图案，定州博物馆收藏的一件白釉镂空枕，其束腰形枕座就是用模印的攀枝娃娃图案围成的。北宋后期至金代，这类图案主要用于盘碗类印花瓷器上。（图69）

吉祥寓意图案是中国传统文化中最具民族特色的一种美术形式。它巧妙地借用象征、谐音等手法，把人们心中的祈盼和愿望寓含在特定组合的图案之中。石榴自古就作为多子的象征，据《北史·魏收传》载："帝幸李宅宴，而妃母宋氏荐二石榴于帝

图69.白釉印花"攀枝娃娃"残片
（北宋后期至金代）

---

[31] 宋伯胤：《磁州瓷的画与诗》。

图70.印花"博古图"（线描图）

前，问诸人，莫知其意，帝投之，收曰：'石榴房中多子，王新婚，妃母欲其子孙众多'，帝大喜。"瓜属于葫芦科植物，藤蔓绵长，果实结籽多，大瓜曰瓜，小瓜曰瓞。《诗经》中有："绵绵瓜瓞"，古人用来象征世代绵长，子孙昌盛。将象征多子的石榴和象征子孙昌盛的瓜瓞与婴孩组合在一起，显然寓含有多子多孙、家族兴旺之意，这种刻意设计的吉祥图案，使原本纯粹的装饰纹样带有了明显的人文色彩。

博古图 北宋大观年间，酷爱书画和古玩的宋徽宗赵佶命王黼等人将皇室藏于宣和殿的历代铜器编绘成书，宣和五年（1123年）编印完毕，名《宣和博古图》。"博古"一名即源于此，后来博古的含意被加以引申，泛指由各种工艺品组合而成的图案。博古图纹饰是定窑独有的一种装饰纹样，多见于印花瓷器上。图案的主体是

一只古香古色的三足铜鼎，造型为双附耳，袋形足，鼎腹贴饰铺首衔环。鼎内"插"有牡丹、莲花等花卉。有些博古图案将鼎置于方形小几上，四周还辅以方鼎、灵芝、洞石以及花卉等，构成繁缛华丽的图案。定窑瓷器上出现的博古图纹饰，从一个侧面反映了当时社会上流行的尚古之风。（图70）

定窑瓷器的装饰自北宋后期开始表现出高度的成熟，不仅内容丰富，在纹饰布局、刻、划、印花技法等方面也都表现出极高的水平。定窑此时发达的装饰艺术除了自身的发展与进步外，善于学习与借鉴也是非常重要的因素。"我国陶瓷装饰不但善于吸收外来文化，尤其善于学习和吸收姊妹艺术的特长，它与各种工艺美术品，无论在时代风格上或地方风格上，以及题材、形式、表现技法等等，都有千丝万缕的联系。历来我国工艺美术特别发达，各代都有很多著名精美的工艺品，同样是劳动人民的伟大创造。这正好给陶瓷装饰提供了有利的条件，可以旁收博采，相互学习，共同前进。其中如青铜工艺、漆器、刺绣、丝织、金银细工以及建筑彩画、玉雕、版画、年画等等，无一不是陶瓷学习和吸收的对象。由于能够虚心地广泛吸收各种姊妹艺术的特长，显然对陶瓷装饰艺术的提高起着很大作用[32]。"

自唐代以来，金银器一直是各类工艺品竞相模仿的对象，这一方面是因为金银器本身的高雅与贵重，但更

重要的是金银器纹饰多由宫廷内府降样，设计精美，装饰性强。北宋时期，由内廷"后苑造作所"制作的金银带饰上装饰的"毬路、荔枝、师蛮、海捷、宝藏、天王、八仙、犀牛、宝瓶、双鹿、行虎、野马、洼面、戏童、凤子、宝相花……等等图样，都是奉尚方核可的式样[33]"。北宋后期至金代定窑瓷器上的许多纹饰如天鹿纹、宝相花等都与上述图样相似。此外，定窑从晚唐五代起一直为宫廷烧造贡瓷，北宋后期大量生产龙凤纹瓷器的同时，很可能也烧造由宫廷指定的其他图案。

对定窑纹饰影响较大的还有著名的定州"缂丝"。"从大量标本观察，定窑印花纹饰似取材于定州缂丝，把缂丝纹样局部地移植于瓷器。因此，定窑印花装饰一开始就显得比较成熟，有很高的艺术水平。"[34]河北丝织手工业有着悠久的历史，自秦汉至隋唐，一直是全国最为重要的丝织业基地。据有关史料记载，唐代天宝元年（742年）"全国共有318郡，其中常贡丝织品的有63郡，总贡各种丝织品3764匹。河北道有15郡常贡丝织品，共1831匹，约占全国常贡丝织品总数的50％，其中博陵郡（定州）又特别突出，常贡达1575匹，占全国常贡总数的41.8％。数量之大，实属惊人[35]。"宋代河北的丝织业不仅数量大，品种、质量在全国也名列前茅。"真定出产的绵绫、鹿胎、透背，大名的皱毂都是名品，定州的刻

[32] 邓白：《略谈我国古代陶瓷的装饰艺术》，《中国古陶瓷论文集》，文物出版社，1982年。

[33] 蔡玫芬：《论"定州白瓷器，有芒不堪用"句的真确性及十二世纪官方瓷器之诸问题》，《故宫学术季刊》（台北）第15卷，1998年。

[34] 中国硅酸盐学会主编：《中国陶瓷史》，文物出版社，1982年9月。

[35]、[36] 河北省社会科学院地方史编写组：《河北简史》，河北人民出版社，1990年9月。

丝更是声著天下的珍品[36]。"缂丝又称"刻丝"、"克丝",是我国特有的一种丝织手工艺品。缂丝采用的是特殊的"通经断纬"织法,织出的花纹富有立体感。辽宁省博物馆收藏的缂丝"紫鸾鹊谱"和"紫天鹿"是这一时期的代表作品,该馆收藏的另一件"木槿花图"是用缂丝模仿宋徽宗的御制书画。"这件缂丝木槿花图以牙色丝线为地,彩色丝织出木槿花,画面上还织入了'御书'葫芦印和赵氏'天水'墨押。可以想见,当时的缂丝制作者是忠实地摹制了皇帝的原作。"[37]定州作为全国的丝织业中心,其缂丝产品对定窑纹饰的影响不言而喻。正是由于上述种种因素的影响,促使定窑装饰艺术在北宋后期迅速走向成

熟,成为享誉中外的一代名窑。

(五) 瓷器铭文

我国瓷器刻写铭文的历史非常久远,东汉时期浙江生产的青瓷上已经出现刻铭,在一件青釉双耳壶的底部刻有隶书"王尊"2字。南京三国时期东吴墓葬出土的一件青瓷虎子刻有"赤乌十四年会稽上虞师袁宜作"13字铭文,另一件青瓷熊形尊底部刻有"甘露元年"4字铭文。北方瓷器刻写铭文大约从唐代开始,邢窑白瓷有"盈"、"大盈"、"翰林"等铭文。定窑从晚唐开始出现"官"、"新官"款铭文,入宋以后又出现了"尚食局"、"尚

药局"、"定州公用"以及"龙"、"花"、"朝真"、"乔位"、"东宫"等几十种铭文。

1."官""新官"款铭文

建国以来,我国南北方的墓葬、窖藏、塔基以及定窑遗址先后出土了近200余件刻"官"、"新官"款的白瓷,其中纪年墓葬中出土"官"字款白瓷最早的是河北省灵寿县晚唐景福二年(893年)墓,最晚的是辽宁朝阳辽开泰九年耿延毅夫妇合葬墓(1020年),流行时间大约130年。根据目前纪年墓葬出土的资料,"官"字款白瓷以五代至宋、辽早期最多,而"新官"款白瓷仅出现在晚唐及五代墓中。多年来,围绕"官"、"新官"款白瓷产地以及字款的涵义,不少专家提出了自己的观点和

图71.定窑"官"字款钵(晚唐)

图72.定窑"新官"款钵(五代)

[37] 肖舟:《缂丝赵佶木槿花图》,《中华文物鉴赏》,江苏教育出版社,1990年8月。

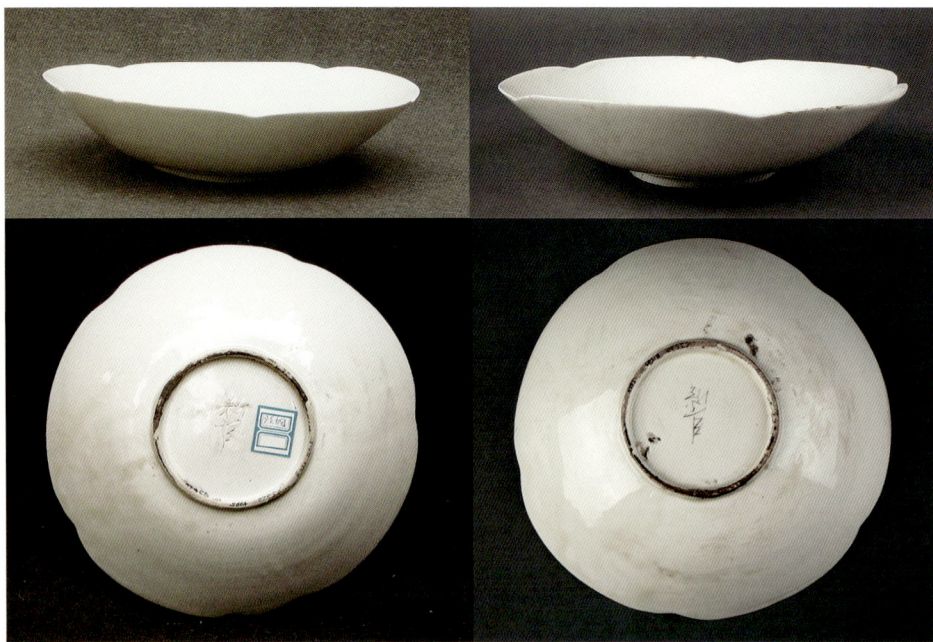

图73.定窑"新官"款花口盘（五代）

图74.定窑"官"字款对蝶纹盘（北宋早期）

看法。（图71、72、73、74、）

（1）关于产地

确定一种瓷器的产地，最为简单可靠的方法是在窑址中找到相同的器物。如果没有窑址出土的第一手资料作证据，得出的结论很难得到学界的一致认同。1985年，河北省文物研究所对曲阳涧磁村、北镇定窑遗址进行发掘时，"一共出土了'官'字款白瓷残片14片，其中北镇村出4件，涧磁岭出10件。'新官'款白瓷瓷片1件，出涧磁岭[38]。"窑址出土瓷片的实证加上大多数"官"、"新官"款白瓷本身所具备的定瓷特征，使大家公认定窑是

"官"、"新官"款白瓷的产地。但是，关于定窑以外的其他窑场是否也烧制"官"、"新官"款白瓷，学术界的意见并不一致，归纳起来大致有以下几种观点：

① 认为辽代境内的窑场也烧制"官"、"新官"款白瓷。北方出土的"官"、"新官"款白瓷除河北之外其余大多数出自辽宁、内蒙以及北京的辽墓之中。持有这种观点的依据主要有三点：一是"官"、"新官"款白瓷中有一些器物的造型带有契丹风格。"在这些划款器物中，可以明显区分两类不同造型的器物：一种为传统的中原器式，

另一种是契丹民族由于生活习俗在接受唐—五代陶瓷文化的同时，创造了保持本民族生活特点和地方色彩的器物，如盘口瓶、穿带壶、鸡冠壶等。这两种迥然不同的器式，是区别窑场最直观的材料[39]。"二是辽墓出土"官"、"新官"款白瓷的釉色不同。"一类为象牙白色，白中隐隐闪黄，釉色温润，光洁明亮，透影性强；另一种是白釉闪青，和前者截然不同，较为少见[40]。"认为"色白而带青（亦有略为闪黄）的釉色则应为辽地窑场所产[41]"。三是赤峰缸瓦窑村辽代瓷窑遗址曾经出土过刻"官"、"新官"款的匣钵和垫柱。

---

[38] 刘世枢《定窑考古札记》，1997年中国古陶瓷年会论文（未刊稿）。

[39]、[40]、[41] 冯永谦：《"官"和"新官"字款瓷器之研究》，《中国古代窑址调查发掘报告集》，文物出版社，1984年。

"缸瓦窑在辽代瓷窑中比较重要，曾见于宋元人的记载，从其记载中得知缸瓦窑乃是辽代官窑，近年在该窑窑场中又发现刻有'官'字款的支垫窑具，更加证明其为官窑无疑。在赤峰大营子村西北，曾发现有辽穆宗应历九年辽驸马赠卫王萧娑姑墓，墓距缸瓦窑较近，而墓中出土的瓷器，多数为此窑产品，其中带有'官'字款的盘、碗也应是此窑烧造[42]。"

在东北地区以及河北承德辽代墓葬、遗址出土的白釉瓷器中，定窑瓷器占有很大比例，根据李文信先生50年代对几座辽代城址、陵区陶瓷残片的调查统计数据，在各类瓷片中定瓷所占比例高达50%至80%[43]。至于带有契丹民族风格的白瓷如穿带壶、瓜棱提梁壶、四方形盘等虽然大多出自辽墓，但同类造型的器物曲阳和定窑遗址也有出土。曲阳县南家庄出土的白釉穿带壶，壶的胎釉较粗，造型也不太规整，与辽墓出土的同类器物非常相似。曲阳西燕川出土的白釉提梁壶也与承德县辽墓以及吉林省梨树县偏脸城出土的同类器物几乎一样。定窑涧磁村遗址还出土过用来印制四方形盘的印花模具残块以及白釉印花四方形盘残片。因此，辽墓中带有契丹风格的白瓷除辽瓷外亦应有定窑产品。至于定窑白瓷的釉色，晚唐五代时期本来就不很稳定，而且白中泛青的釉色在当时相当普遍，直到宋代以后定窑白瓷的釉色才以白中微微泛黄的牙黄色为主。此外赤峰缸瓦窑虽然发现了刻"官"字款的匣钵，但"迄今为止还未发现划'官'字款的器片，资料仍嫌不足[44]。"因此，辽代生产"官"、"新官"款白瓷的观点显然缺乏令人信服的依据。

② 认为长沙出土的"官"、"新官"款白瓷有可能是湖南本地产品。持有这种观点的依据主要有两点：一是认为南方出土的"官"、"新官"款白瓷时代上要早于北方。"早到唐代晚期的带'官'、'新官'款的白瓷器，多出在南方，即长沙出土的两件带'官'字款的瓷盒和一件带'官'字款的白瓷碟，以及浙江临安钱宽夫妇墓中出土的28件，其余大多数是辽墓和河北定县宋初塔基中所出。最早的辽墓只相当于五代初期。这就说明南方所出带'官'、'新官'款白瓷器早于北方[45]。"二是认为长沙出土"官"、"新官"款白瓷盒造型的风格与定窑不同。"长沙所出三件带'官'款白瓷器中，有两件是粉盒，为北方所未见。而粉盒又正是南方瓷器中最常见的器种之一，特别是那种高圈足方形盒更盛行于南方[46]。"

关于北方晚唐纪年墓葬出土"官"字款白瓷的资料，由于一直没有正式发表，因此才出现了"南方早于北方"的观点。现在看来，河北灵寿县晚唐景福二年(893年)墓早于浙江临安钱宽夫妇墓七八年（钱宽墓为公元900年，水邱氏墓为公元901年），是出土"官"字款白瓷最早的纪年墓葬。至于粉盒这种器型在北方并不少见，唐宋邢窑、定窑烧制的白瓷中都有粉盒。定州静志寺塔基（北宋太平兴国二年）和净众院塔基（北宋至道元年）出土的盒子造形十分丰富，除圆形外还有桃形、石榴形等。至于长沙出土的两件高圈足方形盒北方确实少见，不过据此来推断长沙也生产"官"字款白瓷，证据仍显不足。

③ 认为临安钱宽夫妇墓出土的"官"、"新官"款白瓷有可能是浙江本地产品。持有这种观点的依据主要有两点：一是认为水邱氏墓出土胎体洁白坚薄的"官"、"新官"款白瓷，可能是用浙江本地的优质瓷土烧成。"浙江盛产瓷石，高岭土的蕴藏也较丰富，临安、诸暨、鄞县和浙南都有，所以生产白瓷的自然条件是具备的。墓内出土的白瓷胎质洁白，胎骨细薄，玻化程度较高，透光性强，个别产品有脱胎之感，与别地发

---

[42] 中国硅酸盐学会：《中国陶瓷史》316页，文物出版社，1982年。

[43] 李文信：《辽瓷简述》，《文物参考资料》，1958年第2期。

[44] 冯永谦：《"官"和"新官"字款瓷器之研究》，《中国古代窑址调查发掘报告集》，文物出版社，1984年。

[45]、[46] 高至喜：《长沙出土唐五代白瓷器的研究》，《文物》，1984年第1期。

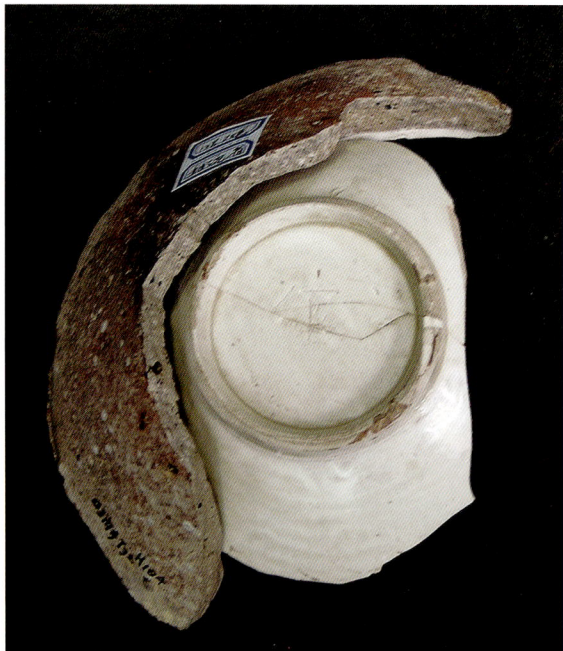

图75.邢窑遗址出土的"官"字款白瓷碗（晚唐）

现的唐代厚胎白瓷不同，也比邢窑细白瓷的透光度好，所以很可能是用本地含铁量低而含铝量较高的瓷石或高岭土做成[47]。"二是认为该墓出土"官"、"新官"款白瓷的造型与越窑相似。"三十余件白瓷的造型与同类的越窑、秘色窑产品十分相似。执壶的造型常用瓜果的形式，短短的壶嘴外壁多削成多角形，把和嘴的位置都比较高。特别是菱花形花口盘、五花瓣形碗、撇口小底碗和海棠杯等器物造型几乎与越窑、秘色窑产品一模一样。"[48]此外还认为水邱氏墓白瓷镶嵌的金银棱扣"很可能与秘色青瓷在同样的金银作坊中加工的。这也可作为浙江所产的一个依据[49]。"

浙江是我国传统的青瓷产地，迄今为止尚未发现白瓷窑场。临安钱宽夫妇墓出土的"官"、"新官"款白瓷"胎质洁白，胎骨细薄，玻化程度较高，透光性强"等特点，均与晚唐五代定窑相符。此外高铝瓷土本是北方特产，因此该墓出土的白瓷不可能产自浙江。至于定窑瓷器的造型与越窑相似并不奇怪，因为晚唐时期越窑和定窑都热衷于模仿金银器，因此两窑在造型、纹饰方面的相似性是不难解释的。包镶金银棱扣在越窑和定窑中都很流行，但水邱氏墓中出土的17件白瓷多数镶有金银棱扣，而同墓出土的越窑青瓷却全无金银棱扣。这一现象恰恰说明来自异乡罕见的白瓷

"被镶上了金银扣的装饰以示珍贵，而当地的'土产'——越窑青瓷却未受到如此的厚待[50]。"因此，推断浙江生产"官"、"新官"款白瓷的证据似乎难以成立。

近些年来，古陶瓷窑址的考古发掘不断取得新的成果，继定窑之后，井陉窑遗址和邢窑遗址也先后出土了"官"字款白瓷[51]。新的发现使已知烧造"官"字款白瓷的窑场由1处增加到3处。（图75）

实际上邢窑可能烧造"官"字款白瓷的观点以前就有学者提出过[52]，但当时因无可靠的证据，只是作为一种推断，现在邢窑遗址出土的资料证实了这种推断是正确的。邢窑、井陉窑出

[47]、[48]、[49] 明堂山考古队：《临安县唐水邱氏墓发掘报告》，《浙江省文物考古所学刊》，1981年11月。

[50] 江松：《再论越窑对定窑的影响》，《上海博物馆集刊》第8期，2000年12月。

[51] 1993年井陉窑遗址发掘出土了第一件"官"字款白瓷标本，在此后的发掘与考古调查中，又陆续发现3件。2003年内丘西关邢窑遗址发掘中，出土了10余件"官"字款白瓷标本，其中有一件刻"官"字款的碗与匣钵粘连在一起。

[52] 李家治主编：《中国科学技术史·陶瓷卷》，科学出版社，1998年。蔡乃武：《〈茶经·四之器〉质疑——兼论瓯窑越窑邢窑及相互关系》，《文物春秋》，1997年增刊。

土的 "官" 字款标本扩大了 "官" 字款白瓷的产地，同时也为区分 "官" 字款白瓷的具体窑口提出了一个新课题。实际上上述三窑的无款白瓷也存在难以区分的问题，以前有些学者通过窑址标本对比的方法，希望能够找出界定窑口的标准，但对比的结果仅有少量高档精白瓷能够相对准确的区分开，大多数中低档白瓷还是难以靠目鉴来区分窑口。目前河北的考古工作者已经将区分本地白瓷窑口的课题列为今后研究的重点，"拟集合邢、定、井、磁四窑相同时代（阶段）有代表性的高、中、低档典型标本加以综合的分析、化验、检测，就其异同在各方面做出科学鉴定的基础上，求得可实际操作的界定标准[53]。" 同时也有学者尝试利用 "笔迹鉴定学" 的方法来排比、甄别 "官" 字款白瓷，希望能在窑口区别方面取得一些突破。但上述工作都需要掌握大量的窑址出土资料，而目前只有定窑的出土资料以及研究结果比较丰富，邢窑和井陉窑资料则相对较少，相关的发掘报告也尚未发表。因此想要对这一课题进行深入细致的研究，还有待于更多新资料特别是窑址出土资料的发表。

"官"、"新官" 款白瓷属于高档精细瓷器，胎体洁白细腻，必须使用优质瓷土。河北地处太行东麓，太行山矿产资源丰富，太行东麓山地与平原结合部的断陷盆地煤矿尤多，烧瓷所用的瓷土也大多伴生于古生代

及中生代沉积含煤地层内。河北古代著名的四大窑场磁州窑、邢窑、井陉窑、定窑，基本上是沿着太行东麓由南向北一线排开，散布在富产煤炭、水源充沛的山地与平原结合部，形成了颇具特色的河北古代陶瓷体系。北方产瓷区的瓷土资源状况十分复杂，同一窑区内赋存不同品质瓷土的情况比比皆是。其中位于最南端的磁州窑以及邻近的河南窑场，只有含铁量较高的一般瓷土（当地称为 "大青土"）。而邢窑、定窑、井陉窑所在地，都蕴藏有数量不等的优质瓷土。因此，磁州窑只生产粗胎化妆土白瓷，邢窑、定窑、井陉窑则能够生产胎体洁白的精白瓷。

邢窑是北方最早生产白瓷的窑场，从隋代起已经成功烧造出精白瓷，唐代邢窑无论产品质量还是生产工艺在当时都属一流，产品中带 "盈"、"翰林" 款的白瓷，应当是供宫廷、官府使用的贡瓷。在邢窑的影响下，曲阳和井陉的两处窑场迅速发展，到唐代后期，定窑、井陉窑均已具有相当大的规模，生产的高档白瓷与邢窑不分伯仲。与之相比，此时北方其他白瓷窑场都还不具备批量生产精白瓷的条件和能力。

但是，窑场规模和产品质量的高下并不是判定 "官"、"新官" 款白瓷产地的绝对必要条件，目前所见的 "官"、"新官" 款白瓷中也有品质较差的。因此，河北以外窑场烧

造 "官"、"新官" 款白瓷的可能性并不能完全排除，希望今后在更广泛的窑址考古发掘中，能够会有新的发现。

（2）关于字款涵义

"官"、"新官" 款涵义的研究一直是个非常棘手的课题，多年来不少学者试图破解其涵义，也取得了一定的研究成果，但至今还没有一种观点能够得到学术界的一致认同。归纳起来大致有以下几种：

① 认为 "官" 字代表官窑。"官窑瓷器，是宫廷占有的某个窑场或是某个窑场中的部分窑生产的瓷器。这些专为宫廷使用而生产的器物，要求胎釉质量好，造型、纹饰和烧成等技工窑艺水平高，与一般瓷器有所不同；在烧制过程中，制瓷工人在器底上划一'官'字标志，以示分别，于是出现了'官'或'新官'字款的官窑器物。"[54]辽驸马赠卫国王墓出土的瓷器中 "凡有'官'字的白色瓷器并包括其他白色瓷器在内，都是辽国官窑出品[55]。"

② 认为 "官" 字与官府或贡瓷有关。"唐、五代和北宋早期，皇宫用瓷仅是由少数民窑固定贡瓷，统治阶级则遣官到产地监烧。这些被选中的民窑，在烧制期间为了与其他民用瓷相区别，便在器物底部加刻'官'字款以作标识。同时，为官府和达官贵人定烧的器物也有可能加刻'官'字款。"[56]"此时定窑中某些烧造质量较

[53] 孟繁峰、王会民、张春长：《河北瓷窑考古的几个问题》，《1999年西陵国际学术研讨会文集》，2000年10月。

[54] 冯永谦：《"官"和"新官"字款瓷器之研究》，《中国古代窑址调查发掘报告集》，文物出版社，1984年。

[55] 金毓黻：《略论近期出土的辽国历史文物》，《考古通讯》，1956年第4期。

[56] 孙新民：《宋陵出土的定窑贡瓷试析》，《文物春秋》，1994年第3期。

高的瓷窑还被朝廷或官府指定烧造带有'官'字款的瓷器。"[57]"从晚唐到宋、金，定窑除满足国内外市场需求外，还承烧官府和宫廷用瓷。从刻有"官"、"新官"等字款器物看，当时定窑瓷器可谓声色夺人、情采并茂[58]。"

③ 认为是封建贵族加工订货和对外出口的一种标记。"很可能是从事商品生产的定窑，在瓷器上划刻'官'字，以之作为封建贵族加工订货和对外出口的一种标记[59]。"

④ 认为"官"字是太官署的简称。"我们推测这'官'字款的含义就是'食官'。'食官'在古代又称'大官'。……在明白了'官'款含义之后，'官'款白瓷是贡瓷的性质就更加清楚了，因为'太官署'正是宋代设'尚食局'掌管宫廷膳食以前的职官[60]。""不难得出唐宋瓷器上的'官'、'新官'字款的'官'字是其官府机构光禄寺下属的太官署简称的结论。由此可以推断，唐宋时期的'官'、'新官'字款瓷器是有关瓷窑为太官署烧制的，也就是说，是太官署在有关瓷窑订烧的，作为祭祀、朝会、宴飨供应膳食的膳具，性质非御用瓷器[61]。"

⑤ 认为"官"、"新官"铭是官样和新官样。"官"、"新官"铭瓷器，实是当时地方州县长官制定的，上报中央并得到核准的地方上交瓷器实物赋税的标准。进一步讲，当时官物中的瓷器在质量上理应和带'官''新官'铭记的瓷器相同，换言之，'官'、'新官'作为官样与新官样，实也是当时政府界定的瓷器类'官物'标准[62]。"

自上世纪50年代第一次在墓葬中发现"官"、"新官"款白瓷起，至今已经过去了50多年，由于无法找到令人信服的第一手资料为证据（包括出土资料和史料），研究者一直都是根据自己的研究思路进行推断。目前认为"官"字代表官窑的观点已被否定[63]，其余几种虽然都有一定的道理，思路也越来越开阔，但仍然是基于研究者的推断。随着更多考古资料的发现以及学者们的不懈努力，相信"官"、"新官"款涵义这一难题必将得到圆满解决。

根据对纪年墓葬出土"官"字款白瓷的排比，流行时间一共只有大约100年，但时代跨越了唐、五代和北宋。因此，非纪年墓葬出土的"官"字款白瓷就存在一个具体的断代问题。以往人们习惯上总是把胎体坚薄、造型秀巧的定为五代，把胎体较厚、造型古朴的定为晚唐（无"官"字款白瓷也大多如此）。其实排比、观察晚唐纪年墓葬出土的定瓷，不难发现其中有许多胎体很薄、釉色莹润的精美白瓷。例如河北省灵寿县唐景福二年墓出土的两件"官"字款白釉钵，造型秀巧，釉面光润，胎体薄而坚致，迎光透视，有很好的透影性。按照以往的传统观点，这种胎体轻薄、造型秀巧的定瓷全都定为五代时期的产品。灵寿唐景福二年墓出土的两件薄胎白瓷，无疑是打破这种传统观念提供了有力的实证。与之相反，曲阳县五代同光二年王处直墓出土的"新官"款白釉钵，造型浑圆，胎体上薄下厚，远不如灵寿景福二年墓出土的白釉钵秀巧精致。晚唐、五代定窑生产的瓷器可以说没有本质上的区别，很难将它们绝对分开。此外，定窑是一个生产商品瓷器的民间窑场，产品粗精兼顾，因此绝不能简单地以质量精粗来划分年代。在无法准确区分的情况下，不妨将晚唐和五代划为一个阶段，这样才更符合陶瓷艺术风格演变的规律[64]。

2. "尚食局" "尚药局" 铭文

"尚食局"、"尚药局"款白

[57] 穆青：《早期定瓷初探》，《文物研究》总第10期，1995年9月。

[58] 陈文增：《定窑文化品位确立之艺术借鉴》，《文物春秋》，1997年增刊。

[59] 李辉柄：《定窑的历史以及与邢窑的关系》，《故宫博物院院刊》，1983年第3期。

[60] 刘世枢：《定窑考古札记》，1997年中国古陶瓷年会论文（未刊稿）。

[61] 权奎山：《关于唐宋瓷器上的"官"和"新官"字款问题》，《中国古陶瓷研究》第5辑，紫禁城出版社，1999年。

[62] 王光尧：《关于越窑瓷器所见"官样"铭的思考——兼释"官"、"新官"款的含义》，《中国古代官窑制度》，紫禁城出版社，2004年。

[63] 认为"官"字代表官窑的观点提出最早，但随着出土资料的不断丰富以及学术界的深入研究，已经可以确定"官"、"新官"款瓷器上的"官"字不是表示"官窑"之义。详见权奎山先生《关于唐宋瓷器上的"官"和"新官"字款问题》一文。

[64] 1974年曲阳北镇出土的一件白釉钵，胎釉、造型与灵寿县景福二年墓出土的两件"官"字款白釉钵完全一样，在1983年出版的《中国陶瓷·定窑》中被定为五代。另一件曲阳县出土的"新官"款花口盘，造型、尺寸均与浙江临安县钱宽墓出土的白釉花口盘一致，亦被定为五代。由此不难看出传统观点将这类胎体轻薄、造型秀巧的定瓷都定为五代，而这种观点显然是受1960年定窑遗址发掘报告分期的影响。

图76.定窑"尚食局"款白瓷标本
（北宋后期至金代）

图77.定窑"尚药局"款白瓷标本
（北宋后期至金代）

瓷是北宋后期定窑为宫廷中负责皇室饮食和医疗的机构专门定烧的器物。据《宋史·职官志》载："殿中省、监、少监、丞各一人，监掌供奉天子玉食、医药、服御、幄帟、舆辇、舍次之政令，少监为之贰，丞叁领之。凡总六局：曰尚食，掌膳馐之事；曰尚药，掌和剂诊候之事；曰尚醖，掌酒醴之事；曰尚衣，掌衣服冠冕之事；曰尚舍，掌次舍幄帟之事；曰尚辇，掌舆辇之事。"1985年定窑遗址发掘时，共出土"'尚食局'白瓷片25件，其中涧磁岭2件，燕川村

23件。……1986年定窑遗址涧磁岭发掘时出土了'尚药局'白瓷残器、片共10件[65]"。出土的"尚食局"白瓷均为盘碗类器皿，内印龙纹，底部刻"尚食局"三字，口部有芒，系采用覆烧法烧制。出土的10件"尚药局"白瓷"虽然尺寸大小各异，但只有一种器形，都是带子母口的盖盒[66]。"这种盖盒大小成套，盒盖与盒身比例相当，盖面刻划龙纹，"尚药局"三字分别刻在盒盖与盒身靠近口沿处，上下相对。从器形看，"尚食局"款皆为饮食器，"尚药局"款皆为盛放

药品的盒子，用途与名款完全相符。此外在南宋都城临安（今杭州市）宫廷遗址内，也出土过"尚药局"铭文的白瓷标本。

目前在窑址中发现"尚食局"、"尚药局"款白瓷的只有定窑一处，因此产地问题没有争议。另外在发掘中定窑涧磁村和燕川村两处窑区都出土了这类标本，说明当时定窑应该有多个窑场承烧官派的贡瓷。（图76、77）

3.其他铭文

定窑铭文中还有一些与王府以及

图78-1.刻"定州公用"款白瓷标本
（北宋后期至金代）

图78-2.戳印"定州公用"款白瓷标本
（北宋后期至金代）

图79.刻"使衙"款白瓷标本（北宋后期至金代）

---

[65] 瓷器艺术风格的演变有着自己的规律，并不是机械地随时代的更替而变化，一种成熟的产品其生产时间往往是跨时代的。因此，科学的分期不应完全按照历史分期来划分，而应当按其艺术规律来划分。

[66] 刘世枢：《定窑考古札记》，1997年中国古陶瓷年会论文（未刊稿）。

图80.定窑铭文拓片

官府机构有关。"涧磁村窑址还出土有一件刻'五王府'三字铭文碗的残片，顾名思义'五王府'是北宋时期王府定烧的瓷器。流散到英国的还有两件白瓷，一件刻'食官局正七字'铭文的白碗，'食官局'一名，宋、辽、金三朝职官志中不见有此名称。另一件盘心印阴纹楷书'定州公用'四字[67]。"1989年，笔者在涧磁村定窑遗址采集到一片碗底残片，底部残存划刻的"公用"二字。两字的位置在碗底中心左侧，因此右侧应该还有两字，估计应为"定州公用"。定州市城市建设中还出土过戳印"定州公用"款和刻"使衙"款的白瓷标本，其中戳印"定州公用"款的瓷片应当

与流散到英国的那件同属一类。（图78、79）

定窑铭文中与宫廷有关的铭文非常丰富，"传世定窑白瓷还有一些带宫殿名称的字铭，这些铭文是瓷器到达宫廷之后，经宫廷玉工所刻。这类铭文有'奉华'、'德寿'、'凤华'、'慈福'、'聚秀'、'禁宛'等等[68]。"据南宋吴自牧所著《梦梁录》记载，德寿殿是宋高宗退位后的居所，"绍兴三十二年六月戊辰，高庙倦勤，不治国事，别创宫廷御之，遂命工建宫殿，匾德寿为名。"与宫廷官署机构名称有关的铭文有"内司"、"后苑"、"得寿苑"以及"尚药局"等。与宫廷后妃有关的

铭文有"婉仪位"、"乔位"、"陈位"、"才人位"等。[69]（图80）

这些与宫廷有关的铭文按其刻写方式可以分为两类：一类是入窑烧造前已经刻好，在窑址历年考古调查与发掘中见到的有"尚食局"、"尚药局"、"乔位"、"东宫"。另一类是运到宫廷后才刻写的，如带有宫殿名称、官署名称以及与后妃有关的铭文大多是后刻款。

定窑铭文中还有许多属于人名和地名。如"刘万立"、"朝真"、"孟"、"李小翁"、"会稽"、"易定"等。此外有时装饰龙纹的器物上会刻一个"龙"字，装饰花卉纹的器物上会刻一个"花"字。（图81—88）

[67]、[68] 冯先铭：《定窑》，《中国陶瓷·定窑》，上海人民美术出版社。1983年。

[69] 胡云法、金志伟：《定窑白瓷铭文与南宋宫廷用瓷之我见》，《中国古代白瓷国家学术研讨会论文集》，2005年7月。

图81."乔位"款白瓷标本（北宋后期至金代）

图83."朝真"款白瓷标本（北宋后期至金代）

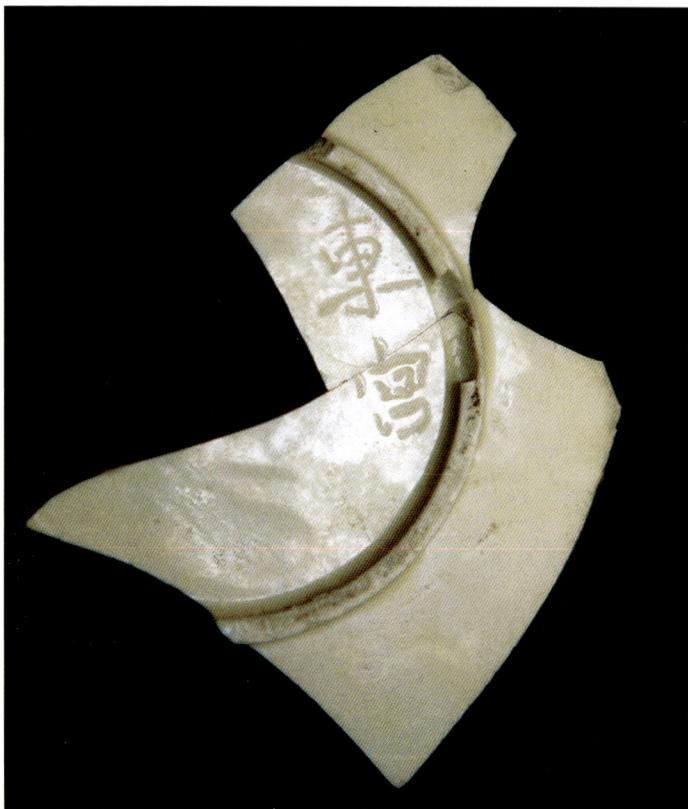

图82."东宫"款白瓷标本（北宋后期至金代）

图84."李小翁"款白瓷标本（金代）

图85."会稽"款白瓷标本（晚唐至五代）

图86."易定"款白瓷标本（五代至北宋早期）

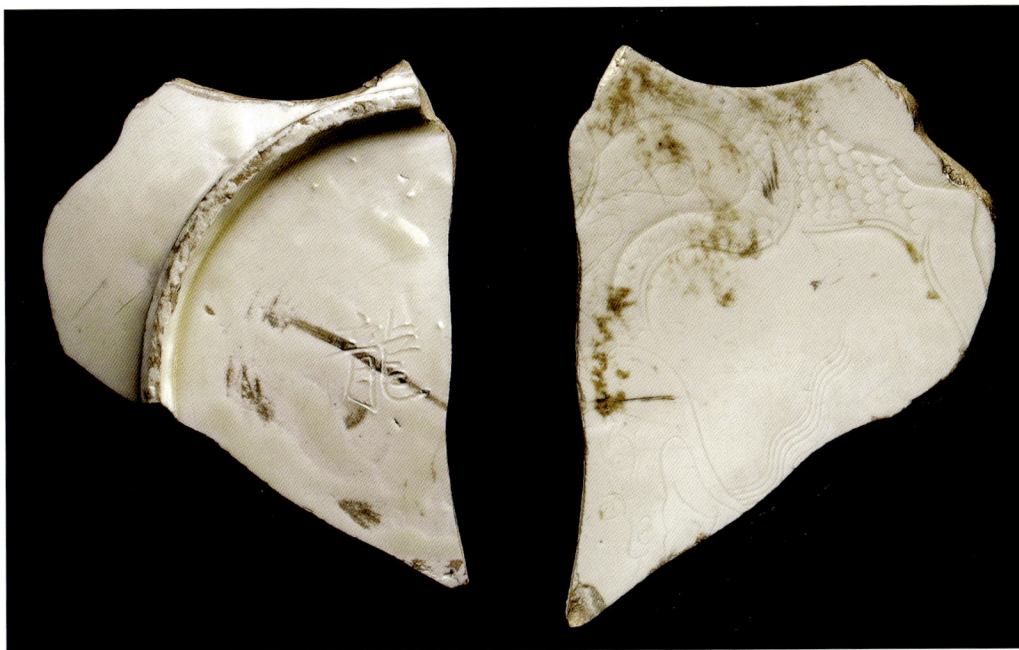

图87."龙"款白瓷标本（北宋后期至金代）

图88. "花" 款白瓷标本（北宋后期至金代）

第五章 窑系窑口的特征

（一）晚唐、五代

晚唐五代时期，定窑白釉瓷器已和著名的邢窑白瓷不相伯仲。此外，近些年来发现的井陉窑，晚唐时期也能生产品质卓越的高档白瓷。上述3处窑场烧造的精白瓷在质量上基本同属一个档次，器物造型也大同小异，因此在窑口判别方面难度较大。但是，仔细排比各窑产品，可以发现在胎、釉以及旋削工艺等方面仍存在着一定的差异，这些细微的差别是目前判别窑口的重要依据。下面以唐代最流行的玉璧底碗为例，列表对邢窑、定窑、井陉窑生产的精白瓷进行对比。

（图表见75页）

通过对比不难看出，邢窑的胎质非最好，气孔率高，生烧现象普遍，胎体也相对较厚。但高超的施釉工艺以及如霜似雪的釉面，完全掩盖了胎体的缺陷，加上精湛的旋坯工艺和稳定的质量，使邢窑白瓷在外观质量上一直居于首位。

如果以胎质而论当属定窑最好，不仅气孔率低，瓷化程度也较高。但定窑釉层薄而透明，施釉工艺也不如邢窑精细，釉面厚薄不均，外壁常有流釉现象，加上旋坯工艺较粗，在外观上明显略逊于邢窑。

井陉窑是河北省近些年发现的一处非常重要的白瓷窑场，从目前的调查资料看，这里隋代已有瓷窑，唐代后期制瓷业已经相当发达，出土的晚唐精白瓷标本完全可以同邢、定二窑相媲美。由于井陉窑目前仅进行了小范围的局部发掘，资料相对较少，目前对它的认识尚处于初级阶段。

以上仅从胎、釉、旋削工艺等方面对河北3处重要白瓷窑场生产的精白瓷进行了一些粗略对比，对于判别早期定瓷具有一定的参考性。但是若要科学准确地判定窑口，还需要对更多的出土资料进行排比研究以及对胎、釉成分进行系统的科学测定。对于中、低档白瓷来说，由于各窑区内作坊众多，工艺水平更是参差不齐，加上这一时期器物造型具有很强的共性，因此目前还无法总结出可供判别窑口的规律。至于河南等其他省份烧制的白瓷，由于在胎釉以及旋削工艺等方面都与定窑有较明显的差异，因此相对比较容易判别。

	邢　窑	定　窑	井陉窑
胎	制瓷原料的淘洗工艺不够仔细，在显微镜下能看到大块石英。泥料的陈腐和捏炼不够充分，标本断面大多能看到不同程度的气孔和夹层。烧成温度约为1320℃±20℃，多数产品处于微生烧状态、吸水率较高，大部分在2%～5%之间，只有少数接近或低于1%。	制瓷原料经过仔细的淘洗，泥料的陈腐和捏炼充分，标本断面平整光滑，很少出现气孔或夹层现象。烧成温度约为1320℃±20℃，大多数产品烧造良好，瓷化程度高，少有生烧现象。吸水率较低，一般在1.45%左右。	原料的淘洗以及泥料的陈腐、捏炼都比较好，标本断面气孔率以及夹层现象较少。烧结良好，生烧现象不多。（由于胎、釉测试结果尚未公布，具体数据不详）
釉	属于"含氧化镁石灰釉"。含铁量较高，多在1%左右。邢窑白釉含磷量较高，一般在0.4%～1.1%之间。具有高温下黏度大、遮盖性强等特点，并带有一定的乳蚀性。釉色稳定，多呈粉白色和白中微泛青色。邢窑施釉工艺堪称一流，釉面无论里外都平整光滑，很少出现流釉现象。	亦属于"含氧化镁石灰釉"。含铁量比邢窑低，一般在0.5%～0.8%之间。釉中基本不含磷成分，少数含磷者也不超过0.2%。定窑白釉的釉层较薄，透明性强，釉色不够稳定，有的偏青，有的偏白。施釉工艺远不如邢窑，釉层往往厚薄不均，釉面经常出现被称之为"泪痕"的流釉现象。	井陉窑的白釉与定窑相比釉层较厚，具有一定的遮盖性。釉色不太稳定，多数偏青，但也有洁白如邢窑者。施釉工艺的水平与定窑相近，釉层厚薄不均。常有流釉现象。
旋削工艺	邢窑的旋削工艺精湛娴熟，所有细节的处理一丝不苟。产品口、肩、腹、足的加工都有固定程式，规范化的成型工艺保证了产品造型的规整和统一。	定窑的旋削工艺较粗，一般器里（指盘碗类）旋削平整，外壁相对较粗，常能看出明显的旋削痕迹。器足的挖削多较草率。	井陉窑的旋削工艺粗精皆有，粗者和定窑相似，精者不亚于邢窑。

　　注：表中邢窑、定窑的烧成温度源于上海硅酸盐研究所测试的数据。邢窑有关数据参见《邢窑工艺技术研究》，《河北陶瓷》，1987年第2期。定窑有关数据参见《历代定窑白瓷的研究》，《中国古陶瓷研究》，科学出版社，1987年12月。

（二）北宋至元代

宋、金时期，定窑生产的白釉刻花、印花白瓷享誉天下，各地窑场纷纷仿制，从而形成了一个横跨南北的庞大窑系——定窑系。宋代瓷窑体系的形成，最主要的原因是窑场之间相互竞争，争夺市场。"一种瓷器在市场上受到欢迎，首先是邻近的瓷窑相继仿制，继之就是瓷窑的增加与窑场的扩大，形成瓷窑体系。同时在这种瓷的销售地也引起当地瓷窑仿烧，扩展到他处。"[1]但是窑系的划分仅仅是一个粗略的概念，实际上每个窑场的产品都不是单一的，例如定窑产品中有模仿磁州窑风格的剔花瓷器，磁州窑产品中也有模仿定窑风格的薄胎白瓷，景德镇生产的青白瓷不仅在印花技法、图案纹饰上深受定窑影响，装烧方面也采用定窑的覆烧法。由此可见，宋、金时期各个窑场之间的相互模仿，其目的是为了保证自己产品的畅销，因此一般只是模仿名窑的某些特点。在仿定产品中，多数窑场主要侧重于对定窑釉色、装饰的模仿，烧造工艺往往仍采用当地惯用的方法，加上胎釉上的差异，产品风貌与定窑有较大差异。真正易同定窑发生混淆的，实际上只有河北、山西两省境内一些窑场生产的白瓷。

1. 邢窑（河北临城）

临城是隋唐时期邢窑三大窑区中最靠北端的一个，在已发现的20多处瓷窑遗址中，除了4处属于隋唐时期外，其余皆为金、元窑址。临城金、元时期主要生产定窑风格的刻花、印花白瓷，"在临城县山下村、解村、南程村等金、元时期的窑址上，可以找到不少刻花、印花的残片。主要纹饰有：凤衔花、水波游鱼、石榴纹、婴戏、牡丹纹、竹枝鹭鸶、缠枝花卉、龙纹等。其中印花装饰中有六格、八格的布局方法。这些印花器物内多有砂圈，对器内纹饰的完整统一及制品的使用很有影响[2]。"临城生产的刻花、印花白瓷有的采用覆烧法，芒口，器足满釉。有的采用砂圈叠烧法，盘、碗内心有一个比器物圈足略大的露胎涩圈。与定窑相比，大多数产品的胎体颜色较深，釉色白中泛灰，光泽较差，印花器的花纹大多比较模糊。但该窑烧制的高档印花白瓷无论胎、釉、纹饰以及装烧工艺，都与定窑极为相似，因此很难准确加以区别。

2. 井陉窑（河北井陉）

井陉窑是1989年河北省进行文物普查复查工作时，在井陉县发现的一处颇具规模的大型窑场，已经发现的9处窑区中有两处面积超过10万平方米，最小的也有1万平方米。从出土的标本看，有青瓷、粗白瓷、精白瓷、黄釉瓷、黑釉瓷和唐三彩。井陉窑创烧时间大约在隋代，唐代已能生产精美的白瓷，金代达到历史顶峰，主要生产素白瓷和刻花、印花白瓷。金代井陉窑的烧造工艺与定窑完全相同，都是采用支圈覆烧法，器物造型以及装饰风格也和定窑十分相似。1996年，井陉县河东坡曾经出土了12件精美的印花模子，其中一件盘模内壁刻有"大定二十九年"铭文[3]。这批印花模子的形制、纹饰题材、图案布局都与定窑非常相似，模子刻工精湛，线条流畅，刀法娴熟，丝毫不比定窑逊色。从窑址出土的标本看，高档刻花、印花白瓷与定窑几乎没有区别，但这类产品所占比例不多。其余均为胎质、釉色较差的中、低档白瓷。这类白瓷的釉色大多偏灰，光泽较差，釉层虽薄但覆盖力较强，因此印花纹饰往往显得不够清晰。胎体颜色有的泛黄，有的泛灰，纯白者较少。质量较差的胎内常有细小的黑色杂质，透过薄薄的釉层可以看得很清楚。胎泥的陈腐、捏炼工艺似乎也较草率，标本断面经常能看到大小不等的夹层，夹层严重的在烧造过程中往往会形成鼓包，这种现象在胎釉较差的印花白瓷和光素白瓷中较为常见。总体来看，金代井陉窑虽然生产工艺与定窑相同，产品面貌也与定窑非常相似，但质量明显逊于定窑，比较容易区分。而少数高档刻花、印花白瓷的品质与定窑难分伯仲，仅从外观上无法准确加以区分。

3. 磁州窑（河北磁县）

磁州窑是北方著名的民间窑场，产品具有浓郁的乡土气息，其最具代表性的釉下彩绘品种——白地黑花，把陶瓷装饰与传统绘画艺术巧妙地

[1] 中国硅酸盐学会：《中国陶瓷史》，文物出版社，1982年。
[2] 河北省邢窑研究组毕南海：《邢窑造型、装饰的研究与探讨》，《河北陶瓷》，1987年第2期。
[3] 孟繁峰、杜桃洛：《井陉窑遗址出土金代印花模子》，《文物春秋》，1997年增刊。

结合起来，开创了陶瓷装饰领域的新天地。磁州窑的产品非常丰富，除了白地黑花、白地绘划花、白地剔花、白地黑剔花等独具特色的品种外，也烧造定窑风格的薄胎白釉瓷。磁州窑所用的制瓷原料在当地称为"大青土"，这种瓷土质量较差，烧出的瓷器胎色较深，因此胚胎在施釉前都要先挂一层白色化妆土。但仿定白瓷所用的原料经过特殊的淘洗加工，胎质细腻，含铁量低，烧成后的胎体颜色较白，多为白中泛灰或白中泛黄色，不需使用化妆土。由于胎体颜色的差异，"不同的胎色透过釉层，使器物呈现出不同的颜色，大多数呈一种淡雅的青灰色，略带影青瓷的色调。还有一部分呈赭白色，极为雅致。也有少部分呈米黄色，十分接近北宋中期以后定窑白瓷的色调[4]。"装烧方面有的采用覆烧法，器物口部无釉。有的采用正烧法，圈足底部无釉。最多见的是支钉叠烧法，有三角形支钉和圆形支钉两种，采用三角形支钉烧造的器物里心有三个细小的支钉痕，采用圆形支钉烧造的里心有4至5个不规则的椭圆形支钉痕。磁州窑仿定白瓷的器形主要有盘、碗、钵、罐、盒等，大多光素无纹，只有极少数刻有简单的纹饰。与定窑相比，磁州窑仿定白瓷的胎体虽然很细，但因所用原料差异较大，因此胎色和质感均与定窑不同。釉面方面的差别更大，不仅釉色不同，釉面那种油润的光泽感也与定窑薄而透明、光泽内蕴的釉面明显不同。

4.介休窑（山西介休县）

介休窑是山西宋金时期质量最好的白瓷窑场之一，胎体洁白细腻，釉层薄而匀净，釉面白度高达78.3[5]。与定窑相比，介休窑的釉面白度高，呈洁白色，定窑的釉面呈浅牙黄色，二者差别明显。介休窑印花瓷器的题材比较单一，主要以花卉为主，常见的有牡丹、莲花、菊花等，其中童子牡丹、童子菊花等图案与耀州窑相似。定窑印花瓷器的题材丰富多彩，除了各种花卉外，还有动物、人物、自然风光以及龙、凤、螭等神禽异兽等。介休窑主要采用支钉叠烧法，盘、碗的里心及圈足各有3至4个细小的支钉痕。此外还有一些器物采用涩圈叠烧法。由此可见，介休窑除了模仿定窑外，也学习其他窑场的风格技法，因此无论胎釉特征、装烧工艺还是装饰风格，都与定窑有明显区别。

5.霍窑（山西霍县）

霍窑又名"彭窑"，是山西金元时期一处重要的白瓷窑场。霍窑白瓷胎薄体轻，洁白细腻，但胎质较脆，极易破损。器形主要以碗、盘、洗等小件器皿为主，造型规整。精白瓷除少数印花外，大多光素无纹。采用支钉叠烧法，器里有5个细小的支钉痕，器足上则常常留有粘附的小支钉。少数粗白瓷采用涩圈叠烧法。霍窑仿定白瓷的时代相对较晚，其产品无论胎、釉、装饰还是装烧方法都与定窑明显不同。此外，山西平定、盂县、阳城等地的白瓷窑场也受定窑影响，但其产品在胎釉、工艺方面均带有明显的地方特征，产品风貌与定窑相差较远，因此相对比较容易区分。

6.彭县窑（四川彭县）

彭县窑是目前四川发现的唯一一处烧造白瓷的窑场。从窑址出土的标本看，白瓷产品可以分为精、粗两类，"精者有的釉洁白，粗者呈灰白色；装饰有刻花、划花、印花。刻花以双鱼纹最多，还有折枝莲、花叶、缠枝牡丹、莲瓣、萱草纹等。刻、划并用，与定窑具有共同风格。印花纹饰以花鸟为主，如飞鸟衔草、凤穿牡丹、莲塘鱼鹅、鹅戏莲、孔雀、鹰及各种折枝花卉，纹饰都在器物里部，布局题材都与定窑风格相近[6]。"彭县窑白瓷胎体坚致，烧结程度较高，但胎色除少数较白外，大多呈灰白色。装烧采用砂粒支烧法，盘、碗内心都留有一圈沙粒，大大影响了产品的美观。彭县窑的装饰技法及纹饰明显是模仿定窑，但产品胎、釉均逊于定窑，独特的砂粒支烧法也具有鲜明的地方特色，因此很容易与定窑相区分。

[4] 北京大学考古系、河北省文物研究所、邯郸地区文物保管所：《观台磁州窑址》，文物出版社，1977年3月。

[5] 孟跃虎：《介休窑白瓷品质》，《中国古代白瓷国际学术研讨会论文稿》，2002年10月。

[6] 中国硅酸盐学会：《中国陶瓷史》，文物出版社，1982年。

第六章 仿品概述

（一）元、明、清三朝仿定概况

从广义上讲，宋金时期窑系的出现实际上就是对当代名窑的模仿。但这种对畅销产品的模仿，应当视作瓷器工艺上的"形式延续"[1]，而非我们现在所理解的后朝模仿前朝名窑的制品。因此，瓷器仿古似应始于元代。

明曹昭《格古要论》载："元朝戗金匠彭均宝效古定，制折腰样者，甚整齐，故曰'彭窑'。土脉细，白者与定相似，皆滑口，欠滋润，极脆，不甚值钱。卖古董者称为新定器……"[2] 霍窑产品在金、元之际一直以仿定为主，原则上讲仍应视作瓷器工艺上的"形式延续"。但随着朝代的更替，曹昭在文中把元代霍窑白瓷称之为"效古定"、"新定器"，显然是将其视为仿古作品。

元孔奇《至正直记》中有这样一段记载："尝议旧定器、官窑等物，皆不足为珍玩，盖予真有所见也。在家时表兄沈子成自余干州归，携至旧御土窑器径尺肉碟二个，云是三十年前所造者，其质与色绝类定器之中等者，博古者往往不能辨……"文中提到的"御土窑"，在《格古要论》"古饶器"一条中有这样的记载："御土窑者，体薄而润最好。有素折腰样毛口者，体虽厚，色白且润，尤佳。其价低于定。元朝烧小足印花者，内有'枢府'字者高。新烧者足大，素者欠佳……"从上述记载不难看出，孔奇文中提到"绝类定器"的"旧御土窑"白瓷大盘，应当是元代景德镇烧制的仿定产品。

从出土和传世的资料看，元代仿定瓷器除山西霍窑外，其他实物极为罕见。至于元代景德镇仿定产品的面目，目前还难以确定[3]。

明代的仿定瓷器同样十分少见，

[1] 关于瓷器工艺的"形式延续"参见赵宏《中国古代仿古瓷》，北京图书馆出版社，1997年5月。

[2] 《格古要论》，清文渊阁《钦定四库全书》子部·杂家类。

[3] 关于文献中提到的"御土窑"，冯先铭先生认为是"专为元代宫廷烧瓷器的御窑厂"。冯先生还提出朝鲜新安海底沉船中出土的"定窑型印花大盘可能就是《至正直记》所记的御土窑仿定径尺肉碟"。参见冯先铭《中国陶瓷·定窑》，上海人民美术出版社，1983年9月。

但古籍中却有很详细的记载。明谷应泰《博物要览》载："近如新仿定器，如文王鼎、兽面戟耳炉，不减定人制法，可用乱真。"清蓝浦《景德镇陶录》中说得更加详细："吴门周丹泉，巧思过人，交于唐太常。每诣江西之景德镇，仿古式制器，以眩耳食者。纹、款、色泽咄咄逼真，非精于鉴别，鲜不为鱼目所混。一日，从金阊买舟往江右，道经毗陵，晋谒太常，请阅古鼎。以手度其分寸，仍将片楮摹鼎纹袖之，遂别之镇半载。而旋谒唐，袖出一鼎云：'君家白定炉鼎，我又得其一矣。'唐大骇，以所藏古鼎较之，无纤毫疑；又盛以旧炉底盖，宛如辑瑞之合也。询何所自来？周云：'余畴昔借观，以手度者再，盖审其大小轻重耳。实仿为之，不相欺也。'太常叹服。售四十金，蓄为副本，并藏于家神庙。"以上两条史料说明景德镇明代曾有"可用乱真"的仿定精品。但可惜传世明瓷中无论官窑、民窑，都难觅仿定白瓷的踪迹，使我们无法一睹明代仿定瓷器的真容。

明代除了景德镇之外，河北彭城的磁州窑也生产少量仿定磁器。"从实物看，明代仿定瓷器主要有水丞、板沿盆、碗、盘、孩儿枕。这些器物一般较为粗糙，个别制品则略显精制。仿器物制品如孩儿枕、碗等，与宋代制品大体相近，只是在细部

上有一些差异。如孩儿枕因胎体较为粗糙，故形体显得松散，缺少硬挺之感。孩儿的面部表情呆滞，缺乏原器孩儿那种天真烂漫的神气。如碗，一般口沿两侧都出现涩胎痕迹，其区域较宋时窄小，有的器物镶有铜口，有的器物口沿则着釉。此外，明代仿定诸器的釉饰不似宋釉呈乳白色，而是呈黄白色；釉面平滑，不似宋釉有流泪现象。器物上虽见有纹饰，但多为暗花、印花，少见宋时的刻划花。"[4]

入清之后，景德镇制瓷业逐渐进入巅峰状态。康、雍、乾三朝，无论官窑还是民窑，在工艺技术、艺术水平以及品种、产量等方面都达到了历史最高水平。统治者的好古之风，又进一步推动了景德镇仿古瓷的发展，康熙年间的"郎窑"、雍正年间的"年窑"以及乾隆年间的"唐窑"，都精于仿古。清代仿古的品种也空前丰富，仅《景德镇陶录》卷三"仿古各釉色"条目下记载的仿古釉色，就多达80余种。

清代官窑仿定始于康熙，盛于雍正、乾隆。康熙仿定窑白瓷多为浆胎，"白釉呈米黄色，釉质凸凹不平，有光素与刻花器。康熙时始烧，延续至雍正、乾隆时期，官、民窑都有烧造。凸花器常见的有双鱼盘、洗，其器口特殊，是极细的青灰色砂口，名为'青砂口'，抚之有感。"[5]

雍正仿定窑白瓷"胎体白中泛黄，质较疏松，似浆胎，印、刻暗花。釉面微显不平的橘皮样，开有小片纹。釉面和工艺虽大致具有定窑风貌，但器型、纹饰多具本时代特点。见有三牺（樽）瓶、莲蓬盒、洗等器型[6]。"传世清代官窑仿定作品以康熙、雍正、乾隆三朝为多，一般只仿釉色与刻花、印花工艺，造型和纹饰仍为本朝风貌，器物底部多刻有本朝年款。可见清代官窑仿定只是仿其古意，追求的是宋代定瓷淡雅别致的韵味，而非百分之百按照原样模仿。（图89、90）

清代前期民窑之中亦有专门仿定的陶户。"陶户专仿白定者，盏、碗、杯、碟等具外，又多小件玩器，粗精各在造户为之。"[7]《南窑笔记》关于定窑的条目中，也有景德镇仿定的记载："今南昌仿者，滑石和泥作骨子，纯用砟子釉，不减古釉，花样精致过之。"从文献记载中不难看出：民间作坊中有专门仿烧定瓷的陶户；仿定作品以小件器皿为主，造型亦应具有本朝风格；为了模仿北方高铝瓷土那种微生烧的质感，特意在瓷土中加入了滑石等原料；花纹装饰过于精细规整。可见，清代前期民窑仿定作品与官窑一样，主要侧重釉色和韵味的相似，其主体（造型与纹饰）仍采用当时流行的款式，因此看上去与宋代定窑相去甚远。在传世民窑

[4] 赵宏：《中国古代仿古瓷》，北京图书馆出版社，1997年5月。
[5]、[6] 耿宝昌：《明清瓷器鉴定》，紫禁城出版社，1993年。
[7] 蓝浦：《景德镇陶录》，清嘉庆翼经堂刊本。

图89.仿定窑白釉印花夔龙纹盖罐（雍正）

白瓷中，有一种胎体细白、釉色偏黄的器物，器身采用印花或浅刻暗花作为装饰，造型多为印盒、水盂等文房用品。这类白瓷似乎就是民窑仿定作品，由于外观上与定窑差异较大，因此人们往往并不把它们与仿定联系在一起。

乾隆以后，随着清政府的日渐衰落，景德镇制瓷业也从高峰走向下坡，仿古瓷在品质和数量上均大不如前。"降及光绪季年，明清御窑已久废圮，全镇虽有民窑一百一十余只，坯坊红店之工艺皆不惊人，所赖以保全国粹者，仅恃名画工数人[8]。"清王朝的衰落以及西方列强的入侵，导致大批文物外流，"洋人出高价收购中国古董，促使以营利为目的的古玩商行迅猛发展。古董商人趋势牟利，大兴作假之风，仿古瓷器大量涌现。民国承袭晚清遗风，古玩商行繁荣不衰，致使瓷器仿古进一步兴盛。从光绪到民国时期，仿古瓷的生产不仅延续时间长，而且品种多，上至六朝青瓷，下至光绪官窑瓷器，几乎都有仿制。"[9]由于这一时期的仿古瓷完全是以营利为目的，因此作品力求逼真，一些仿古高手的杰作更是形神兼备，足以乱真。但从传世的仿古瓷作品来看，模仿定窑的仿古瓷数量不多，仿制水平也很有限，远不如模仿永、宣青花，嘉、万五彩等作品精彩。

以上是元、明、清三朝仿定窑白瓷的简要概况。不难看出，乾隆以前的仿古作品无论是仿定、仿汝还是仿龙泉，都是出于崇古、慕古之心，大多只是追仿古瓷之概貌，即便完全按照原样模仿，往往也属上本朝年款。因此，这类瓷器通常被称为"仿古瓷"。到了清末、民国时期，仿古的目的发生了变化，在利益驱使之下，仿古变成了"作伪"，因此人们将其称为"赝品"。可见，瓷器辨伪的重点主要是这类企图以假乱真的赝品。

[8]《中国近代手工业史资料》第2卷。
[9] 故宫博物院编：《故宫藏传世瓷器真赝对比、历代古窑址标本图录》，紫禁城出版社，1998年。

（二）建国以后曲阳仿定概况

曲阳县对定窑瓷器的仿制大约起始于70年代后期，最早着手研究定瓷仿古工艺的是保定地区工艺美术定瓷厂，该厂成立于1975年，厂址设在曲阳县城西北隅，建厂之后在生产日用瓷的同时，开始探求恢复烧制定瓷之路。在没有任何资料和经验的情况下，他们一切从零开始，通过千百次反复的研究试验，终于攻克了一道道难关，于1980年生产出第一批仿古定瓷。此后经过不断的改进和完善，产品日臻完美。1983年，曲阳县召开仿古定瓷鉴定会，邀请国内轻工、文物部门的知名专家对产品进行鉴定，该厂产品获得了专家们的一致好评。此后仿古定瓷一直作为工艺美术定瓷厂的拳头产品，远销日本、美国、澳大利亚、新加坡、香港等国家和地区。工艺美术定瓷厂研制仿古定瓷的初衷是为了继承和发扬我国陶瓷艺术的优良传统，恢复失传多年的定窑工艺，仿古并不是唯一的目的。因此，在仿古工艺研制成功后，很快就推出了一系列新颖的工艺美术作品，如借鉴曲阳石雕艺术创作的观音塑像，借鉴古代青铜艺术创作的鼎式香炉以及构思巧妙的寿星酒壶等，使定窑传统工艺得到了发扬光大。1992年，工艺美术定瓷厂更名为河北曲阳定瓷有限公司，仿古定瓷仍作为该厂重要的工艺美术瓷品种，一直保持着小批量生产。

随着改革开放的不断深入以及国内文物市场的飞速发展，从80年代起，国内仿古瓷的生产呈现出异常红火的局面，曲阳境内也陆续出现了仿制定瓷的个体小作坊。这些小作坊完全是以盈利为目的，产品大多卖给走乡串户收买文物的商贩，之后流入各地的文物市场。曲阳个体作坊的仿定产品良莠不齐，有的形神兼备，几能乱真；有的粗劣不堪，胎、釉、造型一无是处。现今的文物市场上仍能经常看到曲阳仿定的各类作品。

（三）曲阳现代仿定制品辨识

看胎体。首先，古代定窑所使用的瓷土原料与现代不同。古代定窑使用的是当地出产的瓷土，其中晚唐至五代时期瓷土的质量最好，烧出的瓷器胎体洁白细腻，瓷化程度高。北宋时期仍保持较高的水平，但与早期相比整体质量已有所下降。金代前期仍能维持一定的水平，到了后期，当地蕴藏的优质瓷土已经枯竭，瓷器胎体的质量也随之急剧下降，由于原料中三氧化二铝的含量过高，绝大多数产品处于微生烧状态，胎体的致密度较低，胎色白中泛灰。现代仿定制品所用的原料大多是根据对宋代定窑胎体成分的化学分析数据，采用多种原料混合配制而成。用这种原料烧制的瓷器，胎体色泽、质感与北宋定瓷比较接近，但与晚唐、五代和金代定瓷的胎体差异较大。在仿烧过程中，仿制者往往不注意定窑胎体时代上的差异，无论仿唐、仿宋还是仿金，都使用相同的原料，从而时常会出现胎体特征与时代不符的现象。此外，古代与现代制备坯料的工艺也完全不同。古代定窑原料的粉碎、淘洗、陈腐、捏炼等各道工序，都是采用手工加工。现代仿制品的原料大多是用球磨机进行粉碎，原料加工过于精细，因此，尺寸、厚度相同的器物，仿品往往要比真品略重，胎体致密度也较高。

看釉面。古代定窑瓷器的釉面也与胎体一样，不同时期有着不同的特点：晚唐五代定窑白瓷的釉面光亮莹润，胎釉结合紧密，釉色大多白中泛青；北宋早期釉面的光润程度已不如早期，釉色仍以白中泛青为主，但也有色泽洁白或白中微微泛黄者；北宋中、后期以及金代前期，定窑白瓷的釉色相对比较稳定，多呈白中微微泛黄的牙黄色；金代后期，由于胎体质量的下降，釉面多呈白中微微泛灰之色，釉面的光润程度也比以前差了很多。仿品的釉色大多是模仿北宋后期定窑典型的牙黄色，颜色与真品很接近，但真品釉面那种含蓄自然的光泽仿品很难做到。根据目前看到的仿品，釉面大致可以分为以下几类：一类火气十足，釉面过于光亮，这类仿品一般没有经过"做旧"处理或做旧不足；一类釉光暗淡，光泽较差，这类仿品大多用化学药水进行过处理，釉面火气虽然消退，但瓷器表面那种自然的光泽感也随之消失，看上去缺乏生气。以上两类属于一般仿品，相对比较容易辨识，但近些年来少数仿制者通过反复试验，发明了通过调整釉料配方来控制釉面颜色和光泽的方法，不但能烧出白中泛黄、白中泛灰等各种色调，还能很好地控制釉面光泽，不少作品已经达到了以假乱真

图90.仿定窑白釉印花夔龙纹四足炉（乾隆）

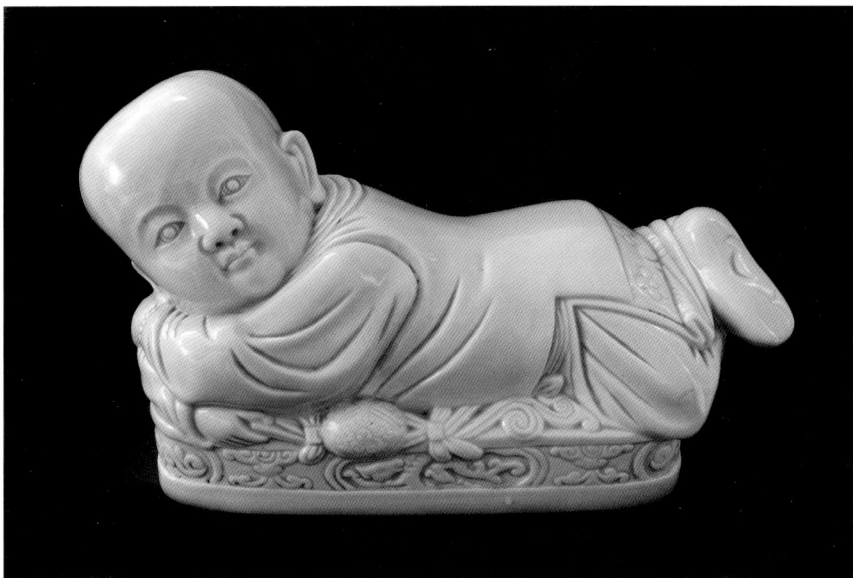

图91.曲阳现代仿定白釉孩儿枕

看造型。曲阳仿古定瓷的造型大致可以分为两类，一类属于有根据的仿制，例如曲阳仿制的白釉孩儿枕，就是按照北京故宫博物院收藏的宋代定窑孩儿枕仿制的。仿品的尺寸有多种规格，其中大号孩儿枕的造型、尺寸与真品比较接近，细节部位如脸、足、手以及台座的纹饰也很相似，但孩儿的头、脊、腿等部位的曲线转折显得比较生硬，面部表情的刻画也不如真品生动。中、小号仿品工艺相对较粗，造型比例失真，面部轮廓模糊不清，与真品相比相去甚远。

曲阳仿制的定窑刻花莲瓣纹龙首净瓶，造型模仿定州静志寺塔基出土的白釉净瓶。净瓶的大致轮廓与真品接近，但瓶径与瓶身的比例失调，转折部位的线条呆板生硬，龙首形流的部位和角度也太低太平。腹部所刻莲瓣线条软弱板滞，完全无法与真品那种挺拔刚健的线条相比。另一类属于

无根据的仿制，大致有两种情况：一种是凭空捏造，完全凭作者的想象塑造作品。这类仿品造型怪异，不伦不类，没有时代特征，但釉色模仿得较好，加上造型没有可比性，往往会使鉴定者犹豫不决，难辨真伪；一种是张冠李戴，把本应是其他窑场生产的品种稍加改变烧成定瓷，例如仿品中的白釉鸡首壶，就是模仿六朝时期南方青瓷窑场生产的青釉鸡首壶。这类仿品比较容易鉴别。（图91、92）

看纹饰。定窑的装饰在不同时期有着不同的艺术风格：晚唐五代以光素为主，此外也有少量简单的划花、印花装饰；北宋早、中期流行深刀雕刻的莲瓣纹和大朵缠枝花卉，刀法犀利，棱角分明；北宋后期至金代大量使用刻花、印花装饰，纹饰内容丰富多彩，刻花刀法自如，线条流畅，印花构图严谨，精致秀丽。仿品的装饰大多数能与造型相对应，风格一致，但也有少数在早期的器型上采用了后期流行的刻花技法，从而导致造型与

装饰风格不一致。此外，仿品中除了少数精品之外，大多数刻花器的刀法欠佳，线条不够流畅，图案显得呆板。仿定刻花作品的纹饰构图松散，刀法软弱无力，与真品有较大差距。印花器也因刻模技术不过关，画面生硬板滞，很难达到真品那种精致富丽的艺术效果。此外，仿品有时会将白釉瓷中的装饰技法信手移植到黑釉、酱釉、绿釉瓷上，出现了黑釉刻花、酱釉刻花、绿釉印花等定窑中根本没有的品种。（图93、94）

以上仅仅是从胎、釉、造型、纹饰四个方面将曲阳现代仿定制品与定窑真品做了一些粗略的对比，在实际鉴定中，首先应当充分掌握定窑各时期的艺术风格和工艺特征，此外要尽可能多地亲手接触瓷片标本。在此基础之上，综合分析胎、釉、造型、纹饰以及工艺等方面的异同，才能作出较准确的判断，切不可只凭一两处细部特征就肯定或否定一件作品。

图92.曲阳现代仿定白釉刻花龙首净瓶

图93.曲阳现代仿定印花缠枝菊纹盘

图94.曲阳现代仿定白地褐彩剔花罐

第七章 | 名品鉴赏

1.黄釉席纹执壶 唐代

高22.7厘米 口径7.1厘米 底径9.3厘米

　　河北省曲阳县涧磁村出土。曲阳县文物保管所藏。唇口，喇叭形颈，溜肩，深腹，平底实足。颈肩之间安双泥条柄、短流、双泥条系。灰白色胎，胎体坚致细腻。施黄釉，釉面光亮，器身饰有席纹。

　　定窑烧瓷大约始于唐代，早期产品以黄釉瓷和粗胎白瓷为主。这件定窑黄釉执壶的造型以及装饰的席纹与北方其他窑场一样，还没有形成自己独特的风格。定窑黄釉瓷从唐代后期逐渐被白瓷所取代，五代以后不再生产。

2.黄釉"剪纸贴花"执壶 唐代

高13.7厘米　口径6.6厘米

　　1981年河北省正定县文物保管所征集。正定县文物保管所藏。侈口、圆唇、短直颈、溜肩、鼓腹、下腹丰满、饼形实足。肩部安管状短流，另一侧口、肩之间安双泥条曲柄，流与柄之间各安一个双泥条系。壶体采用跳刀技法交错刻出席纹，壶流下方饰一枚菱花形剪纸花样。通体施化妆土，外罩黄釉。

　　唐代剪纸贴花瓷器是利用剪纸直接将纹样漏印在瓷器上。黄釉执壶上的贴花工艺是在划刻好席纹或戳点纹的壶体上粘贴剪纸花样，然后施化妆土，稍干后将剪纸连同附在纸上的化妆土一同揭下，一幅美丽的剪纸图案就漏印在瓷器上了。施黄釉入窑焙烧后，被剪纸覆盖的部位呈现较深的胎体本色，与施化妆土部位的浅黄色形成鲜明的反差，具有独特的装饰效果。

3.白釉执壶 晚唐

高21.2厘米 口径7.5厘米

　　1965年河北省曲阳县许城出土。河北省文物研究所藏。喇叭形口，细颈，丰肩，圆腹，壶体较瘦长，平底，足微外侈。肩部安管状短流，颈肩之间安双泥条曲柄，双泥条之间加饰一根细泥条，上部用扁泥片包裹，如同用丝带打结，因此通常称为"结带双泥条柄"。造型秀美，制作精细。胎体洁白细腻，釉面白而莹润，体现了晚唐时期定窑高超的工艺水平。

4.白釉瓜形执壶　唐天复元年（901年）

高15.7厘米　口径4.2厘米

　　1980年浙江省临安县水邱氏墓出土。临安市文物馆藏。壶体呈瓜形，压印清晰的凹棱，肩部划刻弦纹，扁泥条曲柄，八棱形短流，底部刻"官"字款。盖、口、流三处包镶金银棱扣。

　　水邱氏墓出土的这件瓜棱腹执壶是一件瓷器模仿金银器的典型代表作品。金银具有良好的延展性，可以加工成很薄的器皿，但器物太薄后抗变形能力也随之降低，因此在设计造型时常常将器腹做成瓜棱形，利用凹棱将较大的面积分隔成小块以加强抗变形能力。瓷器烧成后具有很高的硬度，不存在变形问题，因此瓷器上的瓜棱纯粹是一种装饰。这件瓜形执壶的造型设计已经完全脱离了唐代执壶的传统模式，此后五代、北宋的执壶越来越强调装饰性，造型愈发丰富多彩。

5.白釉凤首壶 晚唐

通高38.6厘米 足径11.8厘米

  1997年河北省曲阳县涧磁村出土。河北省博物馆藏。壶口向内捏成三角形，细长颈，溜肩，长圆腹，下呈喇叭形高足，口腹之间安结带双泥条柄。壶盖塑成凤首形，采用刻划的折线、弧线，以及小圆圈来表现羽毛。壶身光素无纹，仅在上腹部划刻三道极浅的弦纹。胎体洁白坚硬，釉色莹润光亮，釉色白中泛青。

  陶瓷凤首壶的造型带有明显的波斯文化色彩，造型奇特，线条优美，是中外文化相互交流、融合的产物，唐代邢窑、定窑以及三彩器中都有这种器形。这件白釉凤首壶在总体上保持了萨珊银壶的风格，而盖、柄以及壶体各部分的形态、比例都按照陶瓷工艺的特点以及中国人的审美习惯重新进行了设计，是晚唐定窑白瓷中罕见的精品。

6.白釉塔形罐 晚唐

通高39厘米 口径7.8厘米

　　1997年河北省曲阳县涧磁村出土。河北省博物馆藏。直口，圆唇，短颈，丰肩，深腹，罐底以仰莲为托，下承喇叭形高足。罐盖为覆碗形，上有桃形纽。通体光素无纹，仅在中腹划刻三道极浅的弦纹。胎体洁白坚硬，釉色白中泛青。

　　塔形罐主要流行于北方，除白釉外还见有三彩和黑釉，河北晚唐及北宋早期墓葬中还出土灰陶塔形罐。塔形罐的结构大体分为罐体、高足、罐盖三部分，罐体与高足有的分开有的连成一体，还有一些在罐体与高足间增加一个托盘。

7.白釉"官"字款钵 唐景福二年（893年）

高4厘米 口径12.6厘米

　　河北省灵寿县慈峪镇董家庄村出土。灵寿县文物保管所藏。敛口，斜腹，小平底。胎体坚致细腻，薄如蛋壳，迎光透视，具有很好的透光性。釉色青白，光洁莹润，施釉不到底。钵底部中心刻"官"字款。该墓出土的"官"字款钵一共2件，造型尺寸均大致相同。此外墓中还出土了一块带有墨书题记的长方形灰砖，上书"□福二年岁次癸丑十月乙未朔廿"等字。

　　对照中国历代年表，唐代"景福"二年是癸丑年，即公元893年。这是目前纪年墓葬出土"官"字款白瓷中时代最早的，比浙江临安钱宽墓出土的"官"字款白瓷早7年。这两件白釉钵洁白坚致，薄而秀巧，标志着晚唐定窑白瓷已经达到相当高的水平。

8.白釉"新官"款带托把杯　唐天复元年（901年）

杯高4.2厘米　口径8.2厘米/托高4.2厘米　口径16.6厘米

　　1980年浙江省临安县水邱氏墓出土。临安市文物馆藏。由杯托和把杯两部分组成：杯托敛口，浅弧腹，中心有凸起的柱形托座，下承外卷的高圈足。杯身撇口，深腹，圈足，属于典型唐代深腹碗的造型。中国传统杯、盏都没有把手，这件把杯上的把手显然是模仿粟特银把杯，但环形把手被工匠巧妙地设计成龙形，指垫则做成如意形。如此巧妙地将诸多中国文化因素融入其中，充分显示了定窑工匠的聪明才智。

　　瓷器中模仿粟特带把杯的作品十分丰富，河南的三彩、绞胎，河北邢窑的三彩、白瓷以及定窑白瓷中都有非常精彩的作品。由于受成型工艺的限制，瓷器中的带把杯大多数为圆形，环形指垫也常常减化或省略。

9.白釉"官"字款海棠式杯 唐天复元年（901年）

高63厘米 口径16.1×7.9厘米

    1980年浙江省临安县水邱氏墓出土。临安市文物馆藏。造型完全模仿波斯萨珊银器中的长杯，椭圆形八曲杯体，深腹，喇叭形高足，高足底部刻有楷书"官"字。这种长杯因形状酷似盛开的海棠花，故被称作"海棠式杯"。唐代海棠式杯采用的是模印成型法，将捏炼好的泥坯覆盖在事先刻好的模具上均匀拍打，脱模后再修坯、接足。模具上有时会事先刻好花纹，这样成型、装饰两道工序合二为一，是一种方便快捷的成型工艺。

10.白釉荷叶形洗　晚唐至五代

高2.4厘米　口径8.4厘米

　　上海博物馆藏。洗的造型模仿卷曲的荷叶，圈足矮宽，足内刻楷书"官"字。内壁和外壁划刻荷叶的筋脉，线条浅细。荷叶形洗的"卷边"采用手工推卷，在拉坯成型后，用手将器边轻轻卷起，造型简练，生动自然。

　　唐代瓷器受金银器影响很深，除了模仿金银器的造型、纹饰外，还经常模仿金银器上一些特殊局部特征，如瓜棱、外卷的圈足、卷边等。这些本来是金银器为克服薄胎器皿容易变形而采取的一些补救手段，在瓷器上则纯粹是作为一种"时髦"。

11.白釉茶碾　晚唐

高4.1厘米　长14.3厘米　宽3.4厘米，碾轮直径5.3厘米

　　1997年曲阳县涧磁村出土。河北省博物馆藏。茶碾由碾槽、碾轮和轮轴三部分组成：碾槽为长方形，下承双足，两足间挖成双弧状，中间的尖部下垂；碾轮为圆饼形，中间厚，边缘薄，中心有孔；轮轴为圆棍形，插于碾轮中心的孔中。同墓出土的瓷器中还有茶盏、盏托、注壶、风炉等成组茶具。

　　我国的茶文化源远流长，至唐代已经形成了一整套品茶的规程。唐代陆羽所著的《茶经》，不仅详述了茶叶生产的历史、源流、现状以及饮茶技艺、茶道原理，还记录了当时品茶所使用的各种器具。该墓出土的成组茶具中除茶盏外，其余尺寸都很小，应当是专门用于随葬的明器。

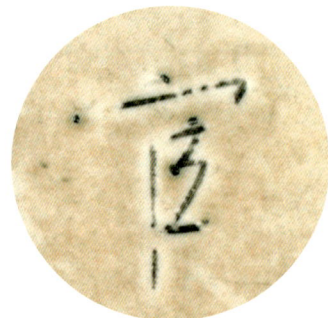

12.白釉"官"字款长方形枕　晚唐至五代

高10厘米　长16.4厘米

　　1995年河北省定州市尧方头村出土。定州博物馆藏。枕为长方形，两头微翘。枕壁四面光素无纹，枕面边沿各以三条平行直线构成边框，框内划刻"官"字，枕底部亦划刻"官"字。以往出土的"官"字款白瓷多为盘、碗或瓶、罐等，在枕上刻"官"字款还是首例。另外，一件器物上刻两个"官"字也极少见，仅定州城市基建时出土的一件白瓷圈足内刻有两个"官"字。这件双"官"款瓷枕，为进一步研究"官"字款瓷器提供了新的宝贵资料。

13.白釉划花双蝶纹长方枕 晚唐至五代

高10厘米 长15厘米 宽10.5厘米

1962年河北省曲阳县涧磁村出土。河北省文物研究所藏。枕呈长方形，两头略高，中间微凹，枕底小于枕面。枕面中心划刻双蝶和草叶纹，画面简洁明快，长方形边框内饰一周半梅纹。四壁光素无纹，胎体坚致，釉色青白。定窑早期产品主要模仿邢窑，器物大多光素无纹。从晚唐定窑瓷器开始逐渐出现划花装饰，纹饰简单，构图稚拙，其中蝶纹相对较多。定窑遗址发掘中也曾出土过划刻蝶纹的瓷枕。

14.三彩席纹凤首壶 唐代

通高52.5厘米 底径20.3厘米

　　1997年河北省曲阳县涧磁村出土。河北省博物馆藏。壶的造型是模仿粟特银器中的凤首壶，但除了整体造型外，几乎所有细部都已经中国化。壶柄采用的是唐代北方最流行的双泥条柄，壶的颈、腹以及高足划刻的弦纹以及壶腹的席纹，都是唐代常见的纹饰。通体施绿黄相间的低温铅釉，绿色占了绝大多数面积。

　　席纹是唐代黄釉瓷上常见的装饰纹样，但在三彩器上十分罕见。陕西、河南出土的唐三彩几乎都不见有席纹装饰。2009年河北省文物研究所、北京大学考古文博学院组成的联合考古队，在定窑遗址五代至北宋早期地层中发现了三彩残片，证明定窑也烧造低温三彩陶器。

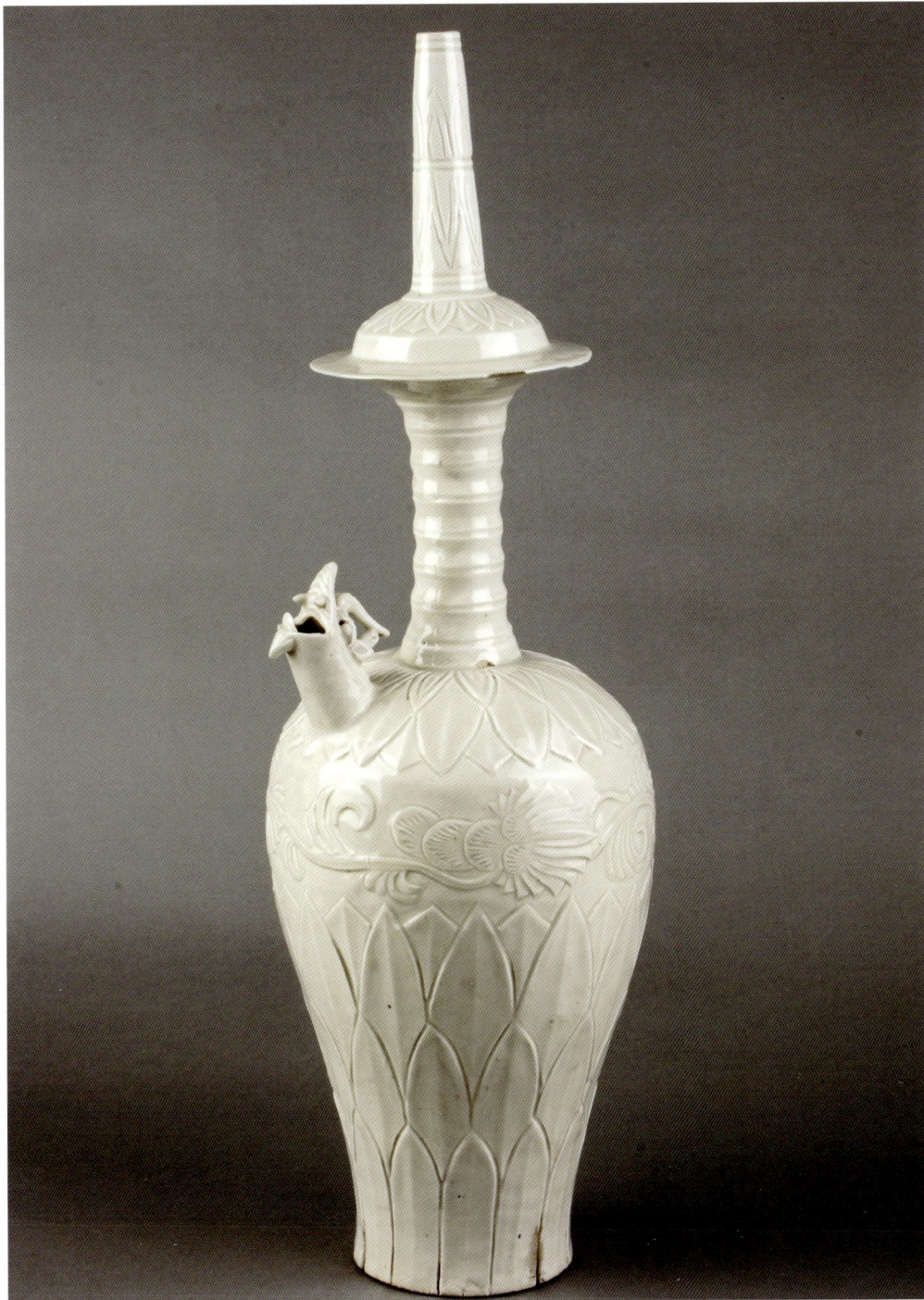

15.白釉刻花莲瓣纹龙首大净瓶　北宋至道元年（995年）
高60.5厘米　腹径19.5厘米

　　1969年河北省定州市净众院塔基地宫出土。定州博物馆藏。小口、细颈，颈中部凸起有沿，上部看上去如同倒置的漏斗，下半部呈竹节形。肩及上腹饱满，下腹瘦长。肩部安龙首形流，龙首高昂，张口露齿，二目圆睁。上腹刻缠枝花卉，刀法犀利，线条流畅，具有浅浮雕效果。瓶颈上半部分及肩、下腹刻多层凸起的莲瓣纹。釉色白中微微泛青，胎体洁白坚致。

　　净瓶是佛教僧侣使用的器皿，造型奇特，颇具观赏性。定州静志寺、净众院两处塔基地宫中共出土白釉净瓶20余件，尺寸规格一般为10至30cm，此件净瓶高达60cm，实为定窑大件器皿中难得的珍品。

16.白釉净瓶 北宋太平兴国二年（977年）

高30.3厘米 口径1.1厘米

1969年河北省定州市静志寺塔基地宫出土。定州市博物馆藏。小口，细长颈，颈中部凸起有沿，如同倒置的漏斗。丰肩，上腹圆鼓，下腹较瘦长，圈足，足底露胎。肩部安圆形带系流，上有扁平带系圆盖。瓶体光素无纹，仅肩、腹结合部刻弦纹。胎体洁白细腻，釉面光润，釉色白中微微泛青。

17.白釉长颈瓶 北宋至道元年（995年）

高19.7厘米 口径6厘米

　　1969年河北省定州市净众院塔基地宫出土。定州市博物馆藏。侈口，长颈，斜肩，圆腹，圈足。肩部刻大朵菊花纹，刀法圆润，线条流畅。瓶的肩、腹之间用一条凸起的弦纹分隔。腹部雕刻三层仰莲，莲瓣尖瘦，棱角清晰。胎质洁白坚致，釉色白而光润。同时出土的刻花长颈瓶中还有一种颈、肩、腹均刻莲瓣纹，刀法犀利，莲瓣凸起，具有浅浮雕效果。瓶口用鎏金银片配蒂形钮圆盖，圈足亦包镶金银棱扣。

18.白釉刻花缠枝牡丹纹葫芦形执壶 北宋

高22.厘米 腹径17.3厘米

　　英国大英博物馆藏。壶体呈葫芦形。直口，圈足，管状长流，壶柄模仿金银器，用扁泥片圈出椭圆形把手，再用一条扁泥片将其与壶体相连，上部用窄细的扁泥条打结，具有很好的装饰性。壶体的上下两部分用深刀雕刻大朵缠枝牡丹纹，近底部刻双重莲瓣纹，花纹微微凸起，具有一定的立体感。这种浅浮雕式的刻花技法主要流行于北宋早、中期，具有鲜明的时代特征。

19.白釉童子骑鹅壶　北宋

高15厘米

　　河北省崇礼县出土。崇礼县文物保管所藏。壶的造型设计非常巧妙，一个胖胖的男孩顽皮地骑跨在白鹅身上，右手紧抱鹅颈，微笑的脸上露出两个浅浅的酒窝。鹅的嘴部为壶流，男孩头部后脑左侧的开孔为注水口，左手叉在腰间自然形成壶柄。

　　婴戏题材是宋代瓷器中常见的纹饰之一，定窑、耀州窑以及景德镇影青瓷上，都有表现婴戏的纹饰。定窑瓷枕中也有非常精彩的童子造型。这件童子抱鹅壶将人与鹅巧妙地结合在一起，充分体现出宋代定窑高超的造型能力和工艺水平。

20.白釉刻花莲纹玉壶春瓶 北宋

高25.2厘米 口径6.6厘米

　　台北故宫博物院藏。撇口、细长颈、溜肩、垂腹、圈足，造型秀巧，线条柔和。腹部用娴熟的刀法刻划大朵莲花。

　　玉壶春瓶是宋代出现的新造型，相传其名源于古人"玉壶先春"或"玉壶买春"的诗句。这种瓶属于盛酒的器皿，因此亦有学者推断它是专门用来盛放一种叫"玉壶春"的美酒，久而久之，因酒而得其名。玉壶春瓶的造型以柔美的弧线为主，线条的过渡舒展圆润，颇富美感。因此，作为瓶类中的经典器型从宋代起历经元、明、清经久不衰。

21.白釉刻铭盖罐 北宋至道元年（995年）

通高13.9厘米 口径5.6厘米

　　1969年河北省定州市净众院塔基地宫出土。定州市博物馆藏。直口、短颈、斜肩、鼓腹、饼形平盖。胎体厚重，釉色白中泛灰。肩部饰两道弦纹，腹部满刻发愿文："舍利主僧□□两瓶舍利西草土住人男弟子于惠岩妻张氏俚男陈留男弟子陈知绪妻于氏女菩萨女□□□□□□至道元年四月日弟子于岩记"。共计59个字，其中有8个字刻写潦草模糊，未能辨识。这件刻铭盖罐刻有明确纪年，同时也是目前带有铭文的定瓷中字数最多的一件。

22.白釉"官"字款刻花莲瓣纹碗 北宋太平兴国二年（977年）

高8.3厘米 口径19.5厘米

　　1969年河北省定州市静志寺塔基地宫出土。定州市博物馆藏。侈口，深腹，腹壁弧线向内斜收，圈足，碗外壁雕刻双层仰莲，莲瓣肥厚圆润，具有浅浮雕效果。侧视犹如一朵盛开的莲花。胎体上薄下厚，最薄处仅0.2厘米，具有很好的透光性。釉色白中泛青，圈足内刻"官"字款。

23.白釉"孟"字款刻花莲瓣纹碗　北宋太平兴国二年（977年）

高7.4厘米　口径22厘米

　　1969年河北省定州市静志寺塔基地宫出土。定州市博物馆藏。直口微敛，斜腹，圈足。碗外壁雕刻三层仰莲，莲瓣肥厚圆润，颇具立体感。胎体洁白，釉质莹润。圈足内刻"孟"字款。定瓷铭款在北方诸窑中最为丰富，据不完全统计大约有20余种。此碗所刻"孟"字字体较小，且不在圈足正中，似为工匠姓氏。

24.白釉"彦瞻"款刻花莲纹盘 北宋

高3.1厘米 口径15.5厘米

台北故宫博物院藏。侈口，弧腹，圈足，口部包镶金银棱扣。盘内满刻莲花图案，两朵盛开的莲花和两片舒展的荷叶两两相对，构图严谨，画面满而不乱。盘外壁刻三层莲瓣纹，采用深刀斜挖的技法，莲瓣微微凸起，具有一定的立体感。圈足内刻"彦瞻"二字。胎体洁白细腻，釉色白中泛黄。

25.白釉高足莲花形碗 北宋太平兴国二年（977年）

高10厘米 口径14.7厘米

　　1969年河北省定州市静志寺塔基地宫出土。定州市博物馆藏。五瓣式花口，斜腹，高足如同一只倒置的大口罐。碗内以五个瓣尖为顶点，刻成五片莲瓣，俯视如同一朵盛开的莲花。设计精巧，造型稳重大方。胎质洁白细腻，釉色白而透明。

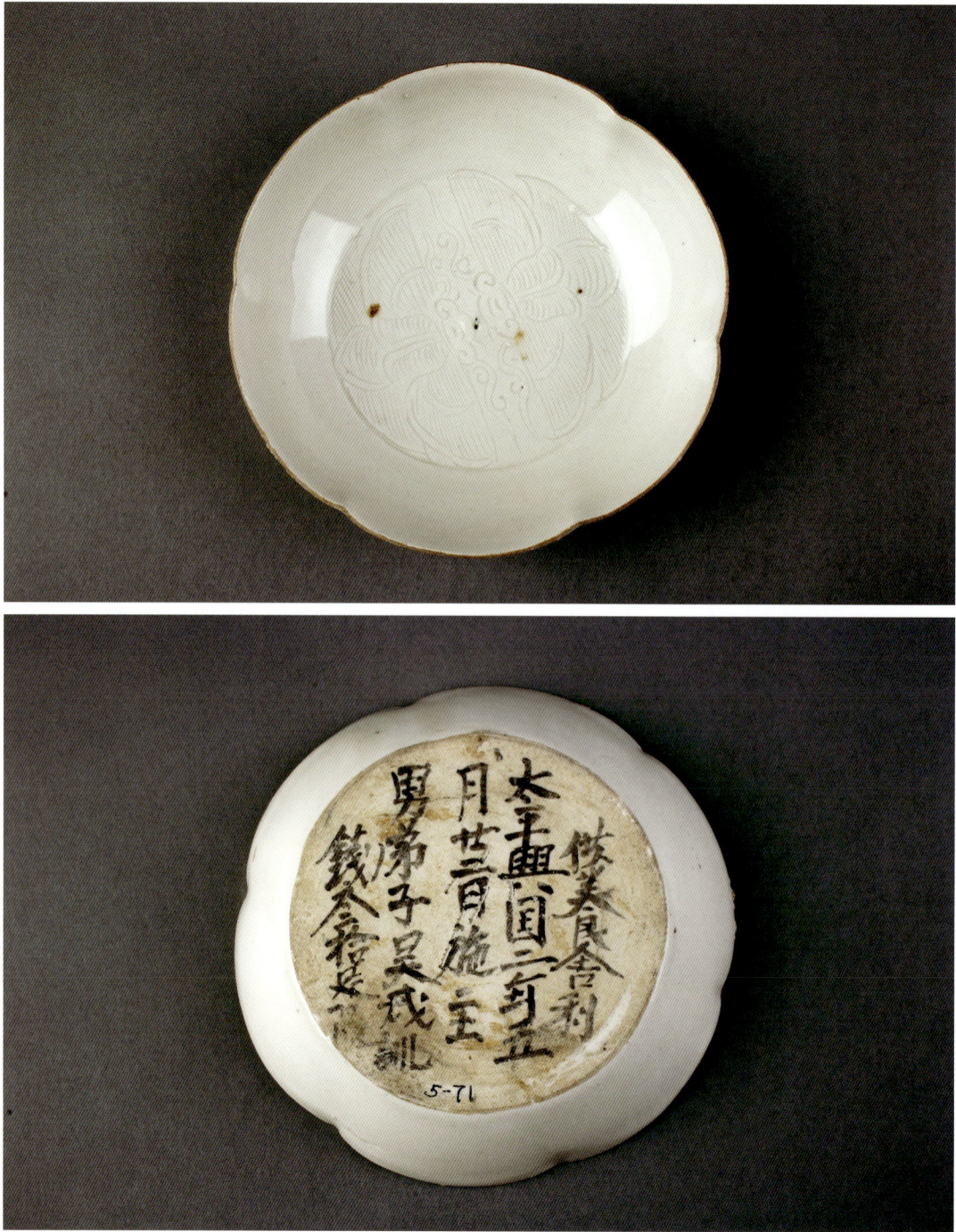

26.白釉"官"字款划花对蝶纹花口盘 北宋太平兴国二年（977年）

高3厘米 口径12.8厘米

　　1969年河北省定州市静志寺塔基地宫出土。定州市博物馆藏。六曲花口，浅腹，平底。盘心用浅细的阴线刻划对蝶纹。线条稚拙，构图与五代越窑瓷器的对蝶纹十分相似。釉色洁白，底部无釉，中心刻"官"字铭款，并有墨书题记"太平兴国二年五月廿二日施主男弟子吴成训钱叁拾足陌供养舍利"28字。

　　这种"官"字款划花对蝶纹盘静志寺塔基地宫共出土5件，盘身造型及尺寸基本相同，盘底3件平底无釉，2件圈足。平底无釉的盘中还有一件也带有墨书题记："太平兴国二年五月廿二日施主男弟子吴成训更施钱叁拾文足陌供养舍利" 31字。

27.白釉印花云龙纹盘　北宋

高4.8厘米　口径23.1厘米

　　上海市博物馆藏。直口，弧腹，圈足。盘心印龙纹，龙体盘曲，昂首挺胸，须鬣飞扬，龙首前有一颗火珠，四周满饰密集的云纹。龙的造型神采飞扬，整个画面充满了强烈的动感。

　　定窑虽属民间窑场，但从晚唐起就一直承烧贡瓷。定窑遗址出土的龙纹、凤纹盘以及刻有"尚食局"、"尚药局"款的瓷器，显然是专门为宫廷烧造的。

28.白釉弦纹三足樽 北宋

高11.3厘米 口径15.9厘米

　　北京故宫博物院藏。造型模仿汉代铜器中的三足樽，直口，筒形腹，三兽足。腹部饰数道凸弦纹，近口部2道，中腹3道，下腹1道。胎体洁白，釉色白中微微泛黄。

　　宋代瓷器中有许多仿古作品，主要是模仿古代青铜器中的造型，如樽、簋、炉、瓶等。这种复古之风，显然与统治者的喜好有关。以文人为主的宋代统治阶层思想上推崇程朱理学，艺术上追求高雅苍古之趣，好古之风盛行。成书于北宋元祐七年（1092年）的《考古图》是我国第一部系统著录古代器物的书籍，书中收录了当时宫廷及私人收藏的青铜器、玉器200余件。北宋后期，宋徽宗又敕撰《宣和博古图》30卷，收录皇室在宣和殿收藏的历代青铜器800余件，宋代上层社会好古之风由此可见一斑。

29.白釉刻花莲纹洗 北宋晚期至金代

高12.1厘米 口径24.5厘米

日本大阪市立东洋陶瓷美术馆藏。唇口，深腹，圈足。外壁划刻大朵莲花，内刻缠枝莲纹，刀法娴熟，线条生动流畅。器腹压印浅浅的凹棱，口部包镶金银棱扣。

定窑盘碗类圆器的刻花装饰绝大多数在内部，外壁刻花则主要见于瓶、罐类琢器。这是因为人们在自然状态下看不同形状物体时视角不同，看琢器时视线集中在肩、腹部，看圆器时视线集中在器皿内面。而洗的造型特点是器腹深，器壁直，视线首先接触到的是器皿外面，因此外壁往往也有装饰。这种适应人们视觉习惯的装饰方法，从一个侧面反映出定窑装饰艺术的高度成熟。

30.白釉贴兽面双耳炉 北宋太平兴国二年（977年）

高5.6厘米 口径8.5厘米

　　1969年河北省定州市静志寺塔基地宫出土。定州市博物馆藏。侈口，鼓腹，圈足，炉身较矮。口外安对称的环形耳，耳根部贴饰3个圆形小泥饼。环肩部贴饰10个模印兽面，圆目，大鼻，眉骨凸起。造型精巧，釉色洁白光润。

31.白釉贴观音双耳炉　北宋太平兴国二年（977年）

高5.9厘米　口径9厘米

　　1969年河北省定州市静志寺塔基地宫出土。定州市博物馆藏。侈口，鼓腹，圈足，炉身较矮，口外安对称的环形耳，耳根部贴饰模印兽面。环肩部贴饰16尊观音坐像。观音双手合十，坐于莲座之上，由于形体太小，面部模糊不清。胎体坚致细腻，釉色白中泛青。

32.白釉五足熏炉 北宋太平兴国二年（977年）

高11.3厘米 口径15.9厘米

1969年河北省定州市静志寺塔基地宫出土。定州市博物馆藏。熏炉分为炉体和炉盖两部分。炉体盘口，直腹，平底，下承五足，足为兽面衔环形，足根粘于圆环形底座上。炉盖形状似一只倒置的曲腹盆，上部有3个镂空桃形气孔，盖沿外侈，顶部为一直口鼓腹的宝瓶，三面亦开有桃形气孔，位置与盖面气孔相错。造型端庄大方，与晚唐越窑五足熏炉十分相似。

33.白釉双兽耳簋 北宋

高10.9厘米 口径13.4厘米

　　台北故宫博物院藏。直口，深腹，高圈足，双兽耳，腹部饰数道凸起的弦纹（铜器中称为"沟纹"或"瓦楞纹"）。造型规整，釉色呈白中微微泛黄的牙白色，釉面光亮润泽。

　　宋代复古之风颇盛，不仅王室收藏有大量古代青铜器和玉器，达官贵人、文人雅士亦嗜古成风。仿造商周礼器制作的仿古铜器、仿古玉器以及仿古瓷器也随之兴起，当时官窑、定窑、均窑、龙泉窑等著名窑场都烧造过仿古瓷。这件白釉瓷簋是模仿西周早、中期青铜簋的形制，器物造型、纹饰以及带有长方形珥的兽耳都模仿得惟妙惟肖，是定窑仿古瓷中不可多得的精品。

34.白釉石榴形盒 北宋至道元年（995年）

高9.81厘米 口径10.3厘米

  1969年河北省定州市净众院塔基地宫出土。定州市博物馆藏。盒体呈扁圆形，子母口，盒纽塑成榴蒂形，造型简朴，美观实用。胎体洁白细腻，釉色莹润透明。

  北宋定窑生产的瓷盒造型十分丰富，其中很多模仿各种果实，有石榴形、桃形、竹节形等。融观赏与实用为一体，具有较高的艺术性，是定瓷中颇具特色的产品。

35.白釉殿宇形枕　五代至北宋早期

　　高13.6厘米　长22.9厘米　宽18.4厘米

　　上海博物馆藏。瓷枕造型为仿木结构建筑，门、窗、梁柱、斗拱、台阶样样俱全，前门关闭，后门半开，门侧站立着身著圆领长袍的男俑。枕面为如意形，上面满刻繁密的卷草纹。

　　定窑瓷枕的造型非常丰富，其中以人物和动物造型最为多见，这种白釉殿宇形枕传世数量很少，除上海博物馆外，大英博物馆也收藏有一件。二者相比，除了瓷枕后门一件是开启左侧另一件是开启右侧外，其余几乎一模一样。这两件殿宇形枕的建筑形式与江苏南京南唐二陵的建筑结构非常相似，因此它们不仅是精美的艺术品，同时也是研究古代建筑不可多得的珍贵资料。

36.白釉童子持荷枕 北宋

高15.6厘米 长20.8厘米

　　美国旧金山亚洲美术馆藏。枕的主体是一个天真可爱的男孩，面庞朝上，侧卧在长方形底座之上，双手紧紧抱着一个巨大的莲蓬。莲蓬上覆盖着一片肥大的荷叶，荷叶向两边自然弯曲，形成曲线优美的枕面。枕面上雕刻繁密的缠枝花卉，边缘用刀刻出"V"形花边。釉色洁白，釉面光洁滋润。

　　定窑烧造的娃娃枕基本上可以分为两种类型：一种是以娃娃身躯做枕，背部即为枕面；另一种是以侧卧的娃娃为枕体，上面另置荷叶形枕面。这件瓷枕的造型创意十分新颖，枕体与枕面之间的过渡非常巧妙，硕大的莲蓬和舒张的荷叶与天真可爱的娃娃浑然一体，充分显示出定窑工匠超凡的设计理念和令人惊叹的工艺水平。

37.白釉孩儿枕　北宋

高18.8厘米 长31.5厘米

台北故宫博物院藏。枕的主体是一个俯卧的胖娃娃，娃娃身着长袍，外罩坎肩，下穿长裤。双臂环抱，头部侧枕在左臂上，右手握住绣球上的彩带，俯卧在椭圆形雕花床榻上。坎肩背部的缠枝莲纹以及侧面的锦纹清晰可见。娃娃头部的刻画非常精细，面庞丰盈，五官清晰，双目炯炯有神。底部镌刻一首乾隆皇帝御制咏瓷诗。

孩儿枕是定窑瓷器中的名品，深受历代统治者的喜爱。乾隆皇帝在他的御制诗中对定窑孩儿枕大加赞赏，还命玉工将诗文镌刻在瓷枕底部，"北定出精陶，曲肱代枕高，锦绷围处妥，绣榻卧还牢。……"这类咏赞定窑孩儿枕的诗在乾隆御制咏瓷诗中还有多首。

38.白釉卧女枕 北宋

高16.0厘米 长44.0厘米

1985年河北省曲阳县涧磁村定窑遗址出土。定窑遗址文保所藏。枕的主体是一位体态丰盈的贵妇，身着长袍，头挽高髻，发型复杂头饰华丽。贵妇左臂弯曲枕于头下，悠闲自得地侧卧在椭圆形床榻上，背部即为枕面。这件瓷枕对人物面部的刻画非常精细，眼、口、鼻以及发式、首饰都极为准确清晰，具有强烈的艺术感染力。

定窑人物形枕大多小巧精致，长度一般很少超过30cm。定窑遗址出土的这件卧女枕不仅工艺精湛，44厘米长的超大尺寸更使其在诸多同类瓷枕中鹤立鸡群，堪称定窑雕塑作品中的稀世珍宝。

39.白釉褐彩轿 北宋太平兴国二年（977年）

高15.5厘米

　　1969年河北省定州市静志寺塔基地宫出土。定州博物馆藏。轿身为正方形，前有轿门，门上方装饰盘成花结的彩带，门帘半悬，从门帘下部可以隐约看到端坐轿中的贵妇。轿顶塑成用绳子和毛毡结扎而成的六角攒尖式，六面各贴一朵模印团花，顶部是莲瓣托起的桃形宝珠。四名轿夫短衣长裤，腰扎汗巾，一手叉腰，一手扶杠，形象简练生动。轿身及轿夫施白釉，轿顶施黑褐色釉，轿身四周及轿夫身上也装饰性地点有黑褐彩。

　　轿是中国古代传统的代步工具，又称"肩舆"。静志寺塔基地宫出土的这件白釉褐彩轿，采用模制、贴塑、雕刻、镂空、压印、点彩等多种装饰手段，生动地再现了宋代四人肩舆的形象，是定瓷雕塑中罕见的精品。

40.白釉法螺　北宋太平兴国二年（977年）

高12.3厘米

　　1969年河北省定州市静志寺塔基地宫出土。定州市博物馆藏。完全按照天然海螺的形状用手工捏塑而成。螺壳中空呈螺旋状，锥形顶部细长，上有3道凸起的螺旋纹。螺口盘绕锥体底部，呈不规则喇叭状。螺体表面浅刻海浪纹。胎体洁白，釉质光润，釉色白中泛青。

　　法螺是佛道作法事的乐器，一般选用大个天然海螺。此外佛教称讲经说法为吹螺，含有法音警世之义，故又称"法螺"。这件白瓷法螺，造型精美，形态逼真，亦能吹出洪亮的声音，当为寺庙中贵重的法器。

41.白釉龟 北宋太平兴国二年（977年）

高4厘米

  1969年河北省定州市静志寺塔基地宫出土。定州市博物馆藏。龟体呈圆形，头部很小，脖子上扬，沿龟甲边缘贴塑4只圆饼形龟足，短尾上卷。龟背划刻六棱形龟甲纹。腹部中心划刻"十"字形图案，"十"字的每一边又对应划出弧线，空隙部位饰水波纹。龟背满釉，腹部无釉。造型精巧，胎体轻薄。

42.黑釉描金斗笠碗 北宋

高5.2厘米 口径18.9厘米

日本出光美术馆藏。撇口，斜腹，小底，圈足。胎体洁白，通体施黑釉，釉色漆黑光亮。碗内有描金花卉纹，金彩大多脱落，但描金部分仍能看出明显痕迹。

北宋定窑生产的黑釉瓷又称"黑定"，最大特点是胎体白而坚致，胎釉相互衬托，更显得胎体白胜霜雪，釉色黑亮如漆，而同时期其他窑场生产的黑釉瓷胎体很少能达到如此洁白细腻。

43.酱釉描金折纸牡丹纹碗 北宋

高4.2厘米 口径12.9厘米

日本东京国立博物馆藏。撇口，斜腹，圈足。通体施酱色釉，碗心用金彩描绘一株盛开的折枝牡丹。牡丹采用写实手法，枝繁叶茂，花头硕大，金光灿灿的色彩使牡丹雍容华贵的姿容显得更加富丽堂皇。

关于描金定器，宋代周密《志雅堂杂钞》已有记载："金花定碗用大蒜汁调金描画，然后再入窑烧，永不复脱。"但据目前传世的定窑描金作品看，金彩大多已经残缺不全，有的仅仅剩下金彩描绘过的痕迹，可见"永不复脱"之说并不可信。日本东京国立博物馆收藏的这件酱釉描金碗金彩保存基本完好，因此极为珍贵。

44.黄釉波浪纹盖罐 北宋太平兴国二年（977年）

通高9.7厘米 口径4.5厘米

1969年河北省定州市静志寺塔基地宫出土。定州市博物馆藏。直口，圆唇，丰肩、鼓腹，圈足。罐盖扁平，呈三层台阶式，上有桃形钮。肩部压印联珠纹，肩腹之间刻两道凸起的弦纹，腹部用短密的细阴刻线划刻起伏的波浪纹。通体施黄色铅釉，仅圈足内无釉。圈足内有墨书"教化人智聪"5字。盖内亦墨书"舍利阁颐□僧□□化盖"10字。

45.黄釉鹦鹉形壶 北宋太平兴国二年（977年）

高15.8厘米 足径6.3厘米

　　1969年河北省定州市静志寺塔基地宫出土。定州市博物馆藏。壶体塑成鹦鹉形，背部有筒形口，直筒与尾部之间安曲柄，双爪如钩，立于覆盆形底座上，底座内墨书"鹦鹉"二字。鹦鹉造型活泼生动，具有很强的写实性，眼、鼻、嘴刻划准确细致，通体用浅细的线条表现鹦鹉的羽毛，釉色黄中泛红，晶莹光润。这件鹦鹉形壶与1960年内蒙古自治区和林格尔县出土的一件鹦鹉形壶十分相似，应为同一窑口的产品。

　　在2009年定窑遗址的考古发掘中，于五代宋初地层出土了一些低温铅釉器物，据此可以判定定州市静志寺塔基地宫出土的铅釉陶器应为定窑产品。

46.绿釉波浪纹净瓶 北宋太平兴国二年（977年）

高18厘米 足径5.2厘米

　　1969年河北省定州市静志寺塔基地宫出土。定州市博物馆藏。小口，锥形长颈，颈中部凸起有沿，如同倒置的漏斗。丰肩，上腹圆鼓，下腹瘦长，圈足，肩部安盘口流。颈部划刻3道斜弦纹，肩部压印一周连珠纹，肩腹之间饰两道凸起的弦纹，腹部用短密的细阴刻线划刻起伏的波浪纹。通体施绿色铅釉。

47.白釉刻花双鱼纹碗　北宋后期至金代

高4.2厘米　口径17.7厘米

　　台北故宫博物院藏。侈口，斜腹，小圈足。碗内划刻双鱼纹。两条鱼儿一肥一瘦并肩而游，画面上方是一株随风飘动的芦苇，鱼儿四周用蓖状工具划出波动的水纹。

　　定窑装饰纹样中使用频率最高的是花卉纹，其次就是鱼纹。鱼纹的构图形式灵活多变，在印花瓷器中常常与水禽以及莲荷、茨菰等水生植物共同组成画面繁复、装饰性极强的"莲塘风景"，在刻花瓷器中则多为构图简洁的水波游鱼，鱼的数量和品种以及形态富于变化，其中最常见的是双鱼纹。

48.白釉刻花双凤纹盘　北宋后期至金代

高1.8厘米　口径17.1厘米

　　台北故宫博物院藏。板沿，侈口，弧腹，卧足。采用覆烧法，口部无釉，底足满釉。盘心用舒展流畅的线条刻出两只展翅翱翔的凤鸟，一上一下首尾相顾。凤鸟飘逸的长尾和舞动的双翅带给人一种随风飘动的感觉。整个构图简洁明快，没有任何辅助装饰。在盘口板沿上，用浅细的线条划刻一圈卷草纹。

49.白釉刻花折枝牡丹纹盘 北宋

口径26.7厘米

　　美国纳尔逊艺术博物馆藏。板沿，弧腹，平底，浅圈足。盘心刻划一株怒放的牡丹，枝叶繁茂，花头硕大，充分显示出花中之王雍容华贵的气势。牡丹采用写实手法，纹饰轮廓采用偏刀，使图案带有一定的立体感，叶脉、花蕊等细部采用划刻和篦划的技法。这种刻、划并用的刀法，显示出定窑刻花工艺的成熟，画面看上去深浅有致，层次分明。

50.白釉印花婴戏瓜藤纹碗 金代

高6厘米　口径21.3厘米

　　台北故宫博物院藏。侈口，斜腹，小圈足。碗内满印婴戏瓜瓞纹饰，3个顽皮可爱的婴孩在枝繁叶茂、果实累累的藤蔓间攀爬嬉戏。近口沿处饰一周卷草纹。

　　吉祥寓意图案是一种具有强烈人文色彩的装饰纹样，其特点是图案中寓含着某些象征吉祥的寓意。瓜属于葫芦科植物，藤蔓绵长，果实结籽多，将婴孩与瓜藤组合在一起，寓意世代绵长、子孙昌盛。

51.白釉印花狮子纹花口盘　金代

高1.8厘米　口径14.7厘米

　　台北故宫博物院藏。采用模印成型，由连续弧形组成的盘壁构成12瓣花口，大平底。采用覆烧法，口部无釉，底部满釉。盘心印一只四爪舞动的狮子，狮子的造型为适应圆形盘心而进行了大胆夸张，整个身体随盘体弧线而扭曲，形成一个近似圆形的适合纹样。狮子头部在盘心中央，四爪粗壮，二目圆睁，须鬣飞扬，具有强烈的动感。狮子外围饰一周用折线构成的回纹。

　　平底盘是定窑针对覆烧法的装烧特点而专门设计的，采用组合支圈装烧时，能够最大限度地节约空间，极大地提高了单位面积内的装烧量。

52.白釉印花龟鹤纹菊瓣式花口盘　金代

高1厘米　口径14.1厘米

　　1974年河北省曲阳县出土。曲阳县文物保管所藏。板沿，弧腹，平底，浅圈足。腹壁设计成密集的多曲连弧形，看上去宛如菊花的花瓣。盘心印龟鹤图，一只仙鹤低头曲颈，回头凝视地上缓缓爬行的乌龟，仙鹤身后是玲珑剔透的洞石和茂盛的竹枝。板沿上饰一周双层莲瓣纹。

　　龟与鹤在古人心目中都是长寿的动物，将二者组合在一个画面中，显然寓含企盼健康长寿之意。

53.白釉刻花蟠螭纹盘　金代

高1.9厘米　口径11.3厘米

　　台北故宫博物院藏。侈口，弧腹，大平底。盘心用流畅的刀法刻出一条蟠螭，蟠螭的构图形式与龙纹、狮子纹一样，采用圆形适合纹样，身体盘曲成"C"形，具有很强的装饰性。蟠螭外围饰一周回纹。

　　定窑蟠螭纹的构图形式非常丰富，除单纯的螭纹外，还常常以"团螭"的形式作为缠枝花卉类图案的陪衬纹饰，例如碗壁装饰缠枝莲或缠枝牡丹纹，碗心处饰团螭纹。

54.白釉花口瓶　金代

高15厘米　腹径7.5厘米

　　1973年河北省定州市信托门市部征集。河北省定州市博物馆藏。五曲花瓣形口，花瓣用手工推卷，起伏很大，长颈，溜肩，鼓腹，下承喇叭形高足。通体光素无纹，仅颈部划刻二道弦纹。胎体洁白，釉色白中微微泛黄。

　　这种口部起伏明显的五曲花口瓶主要流行于金、元时期，定窑、磁州窑都有烧造。1987年河北省磁县观台磁州窑遗址发掘时，曾在金代地层出土过白地黑花五曲花口瓶，河北省峰峰矿区也出土过元代白地黑花以及黑釉五曲花口瓶。

55.白釉剔花莲荷纹枕 金代

高10.5厘米 长18.4厘米 宽15厘米

　　河北省定州市出土。定州博物馆藏。枕呈腰圆形，前低后高，胎体轻
薄，胎色呈微微泛黄的灰色。枕面是一幅极富装饰性的莲荷图案，下方一
朵盛开的白莲，上方覆盖肥大的荷叶，中间空隙用一组缠枝花叶填补。

　　剔花是北宋磁州窑创造的一种新的装饰工艺，利用胎体与化妆土之间
的色差来表现装饰纹样，这种装饰技法影响了包括定窑在内的诸多北方窑
场。这件瓷枕采用的是磁州窑白釉剔花的技法，先在胎体上施一层白色化
妆土，趁其未干时用尖锐的工具划出纹饰轮廓，然后将花纹以外的化妆土
剔掉，深色的胎体与白色化妆土形成鲜明的反差，将洁白的花纹衬托得格
外醒目。

56.白釉褐彩剔花牡丹纹矮腹瓶　金代

高17.3厘米 腹径19.5厘米

　　日本大阪市立东洋陶瓷美术馆藏。小口、短颈、丰肩、鼓腹、平底，胎体洁白坚致。瓶身采用剔花技法，剔刻大朵缠枝牡丹。黄褐色图案在洁白胎体的映衬下显得格外醒目，具有独特的装饰效果。

　　这件矮腹瓶采用的是白釉褐彩剔花技法，先在白色胎体上施一层深色化妆土，趁其未干时划刻出花纹轮廓，然后将花纹以外的化妆土剔掉，露出洁白的胎体，最后施透明釉入窑烧成。矮腹瓶的造型显然是模仿磁州窑的同类产品，但造型更加秀美，剔刻工艺也更加精细，与磁州窑产品粗犷豪放的风格全然不同。

57.白釉褐彩剔花荷莲鹿雁纹罐 金代
高32.5厘米 口径20.4厘米

　　河北省藁城县杜家庄出土。正定县文物保管所藏。直口、圆唇、丰肩、鼓腹、平底。肩部饰菊瓣纹，近底部饰双层仰莲，腹部主题纹饰以缠枝莲为地，其间缀以梅花鹿和大雁。采用"剔地"技法，在施化妆土的胎面上划刻出图案轮廓后，剔去图案以外部分的化妆土，使深色胎体和白色化妆土形成色差对比。浅灰色胎，釉色白中泛黄，釉面有细密的开片纹。罐内施黑褐色釉。

58.黑釉剔花拍鼓 金代
长28.3厘米 口径10.7厘米 腰径3.9厘米

　　1986年曲阳县涧磁村定窑遗址出土。河北省文物研究所藏。拍鼓两端粗，中腰细，中空，腰部有数道浅宽的弦纹。施黑褐色釉，釉质光洁晶亮。两端用"剔地"技法各刻一周卷枝蔓草纹，图案黑白分明，刀法粗犷有力。
　　拍鼓原是西域乐器，传入我国后成为乐队中的主要乐器之一，唐代河南鲁山窑曾烧造过花釉拍鼓。此件黑釉拍鼓造型比唐代秀巧，胎体坚薄，是金代定窑烧造的具有磁州窑风格的艺术珍品。

59.白釉子母狮枕　金代

长24.2厘米　宽12.7厘米　高11.3厘米

　　河北省曲阳县出土。曲阳文物保管所藏。枕作卧狮形，狮背（枕面）凹陷，尾部向左卷曲。母狮左侧有一只活泼可爱的小狮子，昂首贴靠在母狮身边。狮子形象逼真，双眼点黑彩，是定窑狮形枕中的精品。

　　定窑瓷枕按胎体质量可以分为两类：一类胎体洁白，与同时期刻花、印花白瓷品质相同；另一类胎体灰白或浅灰，需要使用化妆土，这件白釉子母狮枕就属于这一类。定窑粗胎瓷枕中狮形枕较多，有白釉也有黑釉，枕体均为卧狮状，但子母狮造型非常少见。

60. "莲塘风光"印花模具　金

口径16.8厘米　高4.2厘米

　　1983年河北省曲阳县北镇村出土。曲阳县文物保管所藏。模具造型按照弧腹碗的形状，采用与白瓷胎体一样的坯料，拉坯成型后在表面雕刻"莲塘风光"图案。模具顶部刻两条游鱼，四周满刻水波纹。腹部刻对称的水禽与莲荷，最外层刻一周回文。模具刻好后要入窑焙烧使其达到一定硬度，同时模具还须保留一定的吸水率，因此烧造温度通常比瓷器稍低。模具内壁刻有"刘家模子"、"何"字款。